U0895666

博士

四川天然气开发对贫困地区经济带动研究

——基于N贫困地区天然气开发为例

Sichuan Tianranqi Kaifa Dui Pinkun Diqu Jingji Daidong Yanjiu

Jiyu N Pinkun Diqu TianranqiKaifa Weili

肖兆飞■著

文库

目　录

第1章 导论

1.1 研究背景

随着全球人口和经济规模的不断增长，传统能源使用带来的环境问题及其诱因不断地为人们所认识，不止是烟雾、光化学烟雾和酸雨等的危害，大气中二氧化碳（CO_2）浓度升高带来的全球气候变化已被确认为不争的事实。2003年，英国能源白皮书《我们能源的未来：创建低碳经济》首次提出了“低碳经济”这一概念。随之而出现的是“碳足迹”、“低碳技术”、“低碳发展”、“低碳生活方式”、“低碳社会”、“低碳城市”、“低碳世界”等一系列新概念、新政策。中国国家主席胡锦涛于2007年9月8日在亚太经合组织（APEC）第十五次领导人会议上，郑重提出了四项建议，明确主张“发展低碳经济”，令世人瞩目。低碳经济已成为一个与能源环境紧密相关的代名词。

低碳经济是以低能耗、低污染、低排放为基础的经济模式，是人类社会继农业文明、工业文明之后的又一次重大进步。低碳经济实质是能源高效利用、清洁能源开发、追求绿色GDP的问题，核心是能源技术和减排技术创新、产业结构和制度创新以及人类生存发展观念的根本性转变。低碳经济的核心是洁净、高效新能源的开发及节能减排。

近年来，清洁的、热值高的天然气能源正日益受到重视，有数据表明：天然气燃烧后产生的温室气体只有煤炭的1/2、石油的2/3，对环境造成的污染远远小于石油和煤炭。煤气热值为3000多大卡，而天然气热值高达8500大卡，发展天然气工业成为世界各国改善环境和促进经济可持续发展的最佳选择。

“天然气：21世纪的能源”，已成为全人类的共识。新气田的不断发现、储量的不断增长和新的跨国输气管线的建设以及贸易范围的扩大，加速了天然气工业全球化和天然气全球化进程。第二十一届世界天然气大会把21世纪称为天然气的黄金时代。未来几年内我国天然气需求的增长将快于煤炭和石油，天然气市场在全国范围内将得到较大发展。可以预料，天然气工业将成为21世纪我国国民经济新的增长点。

四川是一个拥有8000多万人口的农业大省，在全省69个老、少、边、穷的县（市、区）中，其中国家级重点扶持的21个县（市、区），省重点扶持的48个县（市、区）。从贫困地区的分布来看，四川贫困地区主要分布在盆周的秦岭大巴山区，武陵山区、乌蒙山区、川西大凉山区、川西高原地区。土地面积、耕地面积和总人口分别占全省的45.2%、34.6%和10.9%。如何把握贫困地区经济发展的特点，利用自身环境优势和能源优势，扬长避短，加快贫困地区经济发展，尽快致富，是当前贫困地区经济改革的迫切任务。

从现阶段四川贫困地区经济发展来看，主要呈现出以下几个方面的特点和趋势：

一是发展速度迟缓，同全省的差距拉大。从近年来看，全省69个贫困县（按现行价格计算）社会总产值平均每年递增12.2%，而同期全省平均递增17.6%，比全省低5.4个百分点，这种差距在当今市场经济激烈的竞争下，还有可能继续扩大。富者更富，贫者发展迟缓的两极分化可能更趋强烈。

二是传统的产业模式制约着区域优势的发挥，贫困地区仍以农业为主，“靠天吃饭”思想十分严重，工业、商业、制造业、服务业等第二、第三产业不发达；由于思想观念的相对滞后，以农业为主的传统产业比重大，新兴的工业、能源产业、新兴高科技产业比重小。

三是农村基础设施薄弱，不利于经济的快速发展。四川贫困县大多处在边远山区，交通不便，而公路是贫困山区交通运输的主干线，已通公路普遍技术标准低、质量差、通过能力小，晴通雨阻的现象十分严重。

四是人口急剧膨胀，给贫困地区经济新增长带来了新的压力。一方面，人口的急剧膨胀吞噬着扶贫成果，造成人均成果降低；另一方面，人口的急剧膨胀给农村劳动力就业，社会治安带来困难，为经济新发展的投入也带来了极大的不利因素。人口急剧膨胀，农村剩余劳力增多，有限的耕地，早已满足不了迅速增长的农业劳力就业要求，迫使农民无计划地走向非农领域和流入城镇。加之贫困地区的农民文化素质低、适应性差，劳务输出一时难以找到对口的劳力市场，出现了近几年四川农民工大量过剩，这对贫困地区和流入的发达地区经济发展都存在一定的不利因素和不稳定因素。

五是扶贫开发工作面临滑坡之势。过去许多扶贫措施，在市场经济大潮的冲击下，发生了显著性变化，一些优惠政策不优、不新，难于用活，贫困地区的经济发展没有得到应有的实惠，良性循环的经济发展链条没有完全形成。

四川作为一个能源大省，是中国天然气尤其是气田气分布最集中的省份，石油天然气资源形成了以气为主的局面。其中油、气资源以天然气为主。截至2009年统计最新数据表明，川渝地区是我国主要的天然气产销基地和首个以天然气生产为主的千万吨级大油气区，气田112个，油田5个，天然气探明地质储量1.49万亿立方米。中石油和中石化建成了6个油气区，形成了一系列适应川渝地区天然气勘探开发的配套技术。预计到2012年，全盆地产量将达到548亿立方米，可供商品气量495亿立方米，较2008年增长319亿立方米。四川商品气用量将在2008年的基础上翻一番，超过200亿立方米。

目前，全省21个市（州）、181个县（区、市）中已有17个市（州）118个县（区、市）使用管道天然气。2008年，全省使用天然气达104亿立方米，主要用于城镇燃气（包括居民生活、CNG汽车及商业用气）、工业燃料、化学工业及发电四大领域。天然气的有效使用，有力地支撑了全省经济和社会发展。据统计，2000—2007年，中国石油西南油气田分公司对川渝地区财政收入平均贡献率为3.6%，居民收入增长平均贡献率为2.63%，国民经济平均社会贡献率为1.14%，提供就业岗位近100万个。盆地中使用天然气较多的地市，工业现价产值较高。地区用气单位税金合计数占地区财政收入的19.7%；四川已形成以天然气汽车为核心的产业体系，初步实现了区域化、产业化发展。预计到2012年天然气汽车总保有量将达到23万辆；新建天然气加气站150座（含高速公路25个子站），到2012年全省天然气加气站将达到362座，约需用气19亿立方米。与国外多数国家和全国天然气消费结构相比，化肥对天然气的消费比例仍是相当高的。中国石油西南油气田分公司销售的天然气，对环境的直接贡献逾577.35亿元，对改善空气质量的贡献达530.32亿元，对农作物和林业的贡献达47.03亿元。天然气对川渝经济发展作用巨大。

能源发展作为地方，特别是贫困地区经济发展的一个重要支柱，是政府发展地方经济、帮助贫困地区脱困致富的一个重要的方针。近来，四川省委、省政府提出：经济的发展要以充分发挥地方特色资源和现有的企业为基础，发展“一地一品”的特色产业集群。这是我国东部地区的成功经验，也是我国中西部地区特别是经济欠发达地区培育产业集群的现实途径。四川各地，特别是经济相对落后的市、州，要立足于本地特色优势资源和既有的企业基础，围绕特色产业培育发展产业集群。这些地区产业的规模化、集群化发展，将对改变四川广大农村地区、山区和民族地区落后的经济状况产生巨大作用，是实现地区经济协调发展的重要内容和途径。以能源开发为中心的四川经济发展主体战略必将成为四川贫困地区经济发展的重要契机和良好发展机遇。

1.2 研究意义

本研究是一个理论研究与实践应用相结合的课题项目，在实际的研究过程中，以四川贫困地区经济发展现状为背景，以经济信息化产业、铁路、房地产、包装行业对地方经济贡献的评价思想和评价方式为借鉴，以四川天然气开发对贫困地区经济的带动与促进为目的，运用区域经济发展理论、乔根森和丹尼森的经济增长理论、资源开发与区域经济发展理论、数理统计与计量经济学的相关理论、经济评价理论，试图从理论上建立四川天然气开发对地方经济发展带动的模式研究，并以N贫困地区天然气对经济发展的带动分析为例来进行实证。

1.2.1 理论意义

（1）从产业经济学与区域经济学的角度，以地方经济发展所受的影响因素为研究对象，建立天然气开发对贫困地区经济发展的影响因素体系。众所周知，在区域性经济发展中，凡是有能源的地方，能源的开发对地方经济的发展和影响都是综合性的、全局性的。以天然气的开发为例，某地区天然气的发现和开发必然影响和带动餐饮等生活服务业的发展，为适应天然气能源的开发，劳动力素质的提高、技能的培训必然成为企业重视的项目与内容。由于上万职工的驻扎，大量家属的到来，子女必须入学，技术的改进，职工技能的提高，基础教育必然会得到发展。同时，我们应该注意的是天然气的开发，一方面是公路等基础设施必然需加大建设的力度；另一方面，环境的破坏应该得到怎样的恢复与改进，必然成为摆在我们面前的现实问题，等等。这些有利因素与发展都对地方经济的发展有着直接和间接的联系与影响，通过理论研究，全面梳理天然气开发对地方经济发展的影响因素，并就天然气产业链对经济发展的影响建立相应的指标框架。

（2）从贫困地区的自然环境和经济发展特点出发，研究影响贫困地区脱贫的方式，对于创新贫困地区的脱贫途径具有重要的理论意义。贫困地区的经济发展受到诸多因素的制约，这既有历史原因、地理环境、思想观念，也有经济基础薄弱、交通不便、自然资源缺乏、能源开发不足等因素。从现阶段贫困地区经济收入来看，有农业种植收入、养殖等副业收入，出外打工、经商的收入，还有就是利用地方优势，进行能源、资源开发带来的收入，等等。开展本项目研究，从实际分析入手，对于天然气集中的地区，找到利用能源开发脱贫的新路子，对于地方经济脱贫途径的拓展具有十分重要的理论意义。

（3）以计量经济学、数理统计学和评价学为基础，对天然气对地方经济的发展贡献进行指标分析与研究，建立产业发展对经济带动的理论评价模型。研究准备从产业链分类的角度出发，将天然气产业链分为主营业务链、技术服务作业链和用户生产链。其中：主营业务链包括天然气勘探开发板块业务、天然气与管道板块业务、炼油与销售板块业务、化工与销售板块业务；技术服务作业链包括为天然气公司提供地质勘探、钻井勘探与开发、钻井工程技术与工艺服务、测井、井下作业、修井作业、天然气管道建设、物资及运输保障以及生活服务等形成的天然气服务链；用户生产链包括化肥生产、天然气化工、建材、冶金、轻工、机械、发电等行业。以此为基础，从各链对地方经济的直接贡献、社会贡献、环境贡献和综合贡献四大方面进行指标分析，建立天然气对地方经济带动的评价思想、评价原则、评价方法以及评价指标体系，这对于社会、行业和政府从理论上认识天然气在社会发展中的重要作用有极大的理论意义。

1.2.2 现实意义

（1）通过天然气对地方经济带动的评价研究，认识天然气对地方经济带动的重大影响，可以引起社会和油气行业对天然气开发的重视。天然气的开发，无论从技术难度还是开发成本来看，从某种程度都优于石油，从 20 世纪 80 年代开始，国家提出了“油气并重”的能源开发策略，但是由于诸多原因并没有得到实现。近年来，随着世界经济形势的发展，作为一种高效、洁净的能源，作为一种“朝阳产业”，天然气正在快速发展。通过天然气对地方经济带动的研究，可以看出天然气对贫困地区经济发展的重要影响，在加大天然气开发和天然气开发的政策支持上给予更多的关注与优惠措施，加快天然气开发的步伐和进度，提高天然气开发的速度与产量。

（2）通过天然气开发对地方经济发展的带动作用的评价思想、评价原则、评价方法的研究，帮助天然气行业或者相关行业在产业对经济发展的评价上找到一种行之有效的评价与认定的方法与途径，为度量和计算天然气产业对经济的发展找到了相关的指标支撑体系，这既有利于天然气产业本身的发展、提高社会对天然气产业发展的认可程度，同时也有利于社会其他行业的发展与提高。

（3）通过对天然气带动地方经济发展建立理论评价模型为基础，以四川N贫困地区天然气发展与地方经济关系为例，通过实证研究，对天然气对贫困地区经济带动的评价进行了实证，为评价天然气对贫困地区经济发展的带动提供了可操作的办法与程序，使得整个研究与评价具有现实性与可操作性，增强了项目研究的实践性和应用性特点。

（4）有利于顺应四川省十二五规划及2020年能源发展规划，有利于加快和促进地方经济建设和发展步伐。四川省十二五规划及2020年能源发展规划指出：天然气要加强资源勘探，增加后备储备；加强产能建设，确保稳产高产；加快管网建设，加强调峰效应；优化天然气利用项目，优先保障省内用气需求。

加强资源勘探，增加后备储备。要积极拓展勘探空间，努力扩大勘探领域；整体评价分层部署，保障资源有序接替；加强科技攻关和创新，加大综合研究力度；不断提高勘探成功率和采收率，努力实现储量和产量持续稳步增长。

加强产能建设，确保稳产高产。要加快发展东中西部，稳定发展南部；加快川东高含硫气田、川西致密碎屑岩气田和川东北碳酸盐岩气田的整体开发及产能建设；开展油气藏精细描述，延缓老油气田递减。

加快管网建设，加强调峰效应。要根据气田开发方案，配套建设地面工程；完善川西老区集输系统，建设川东地区长输管线；完善安全运行体系，提高生产技术和管理水平；重视大中城市和重点用户储气调峰设施建设，确保平稳安全供气。

优化天然气利用项目，优先保障省内用气需求。扩大天然气利用规模，加大天然气资源转化；大力推动城市用气发展，积极开拓农村用气市场；优化天然气化工项目，提高天然气使用效益；积极推动工业燃料用气，提高产品质量和竞争力；适度发展天然气发电，改善电源结构和提高调峰能力。加大资源就地转化力度，支持天然气产地规划和发展天然气利用事业；优先保障省内用气需求，在满足省内用气需求的前提下按照国家要求适当规划外输。

本研究既顺应了四川省人民政府对能源发展的规划要求，也符合国家发展地方经济的重要策略。

1.3 研究方法

(1) 调查法。通过到四川部分贫困地区天然气场区进行实地调查，了解天然气发展的现状与对地方经济发展的作用，同时收集与项目相关的原始数据，为该研究做准备。

(2) 文献法。通过查找关于四川天然气发展的状况、四川贫困地区经济发展状况的相关指标数据以及区域经济学、计量经济学、数理统计学的相关理论资料，寻找背景资料，确立论文研究思路及评价方式的正常开展。

(3) 比较研究法。通过对国家铁路、信息产业、房地产等相关行业对经济发展的贡献评价方式的比较研究，找到本书研究指标的确立方法以及数学模型的建立方法。

(4) 实证研究法。在相关指标评价方法理论建立的基础上，以四川 N 贫困地区为例，运用评价方法分析天然气对贫困地区经济发展的带动作用，确立天然气对贫困地区经济的贡献。

1.4 研究思路与框架

通过本书的研究，试图在对四川天然气的发展与国民经济的总体贡献进行定性、定量宏观描述基础上，以四川 N 贫困地区天然气开发对地区经济发展为例，从直接贡献、社会贡献、环境贡献和综合贡献四大方面进行指标分析，实现从微观到宏观、由定性到定量的评价，全面反映天然气对贫困地区经济发展的带动研究。课题的研究对于建立和运用天然气对贫困地区经济贡献的评价模式和方法；充分认识优化天然气消费结构，合理调整价格的紧迫性提供参考；促进天然气企业与国民经济的统筹协调发展；对实现能源与环境的和谐、企业与社会的和谐都具有十分积极的意义。

本书的章节安排如下：

第一章，导论。本章对研究的背景、目的与意义、方法、思路和框架以及创新点进行了介绍。

第二章，研究的理论基础。本章对研究所涉及的产业经济学理论、区域经济学、数理统计学、计量经济学、经济评价理论等相关基本理论进行了有侧重的综述，为本书的研究奠定理论基础。

第三章，四川贫困地区经济状况分析。本章从四川的省情出发，对四川贫困地区的整体状况进行了分析，对经济发展状况进行了分析，寻找这些地区贫困的原因；提出了贫困地区脱贫的方式与途径，奠定了资源、能源集中地脱贫理论的基础。

第四章，四川天然气开发与经济贡献分析。本章对四川天然气开发的现状（包括四川天然气在全国的地位、作用、开发状况、开发前景）进行了分析，重点阐述了四川天然气开发对地方经济发展的重大影响。

第五章，相关产业对经济发展带动评价方法借鉴研究。本章通过图表的形式分析与阐述了产业对地方经济的影响（包括影响因素、方式、途径、内容等）；通过对国民经济信息化、铁路、包装、房地产等产业对地方经济的贡献分析，形成借鉴性研究，为研究天然气对贫困地区经济贡献找到切实可行的研究方法与研究思路。

第六章，天然气对经济发展带动贡献评价指标体系。本章主要从天然气对贫困地区的直接贡献、社会贡献、环境贡献和综合贡献四大方面进行指标分析，构建天然气对贫困地区经济带动的评价指标体系，为量化天然气对贫困地区经济带动的贡献建立评价方式、评价方法。

第七章，四川N贫困地区天然气开发对经济发展带动实证分析。本章尽可能对四川N贫困地区天然气经济发展的相关指标与数据进行收集，运用第六章的评价分析数学模型，建立四川N贫困地区天然气对经济发展贡献的实证分析。

第八章，结论、创新及建议。本章在理论研究和实证研究的基础上，以实际的数据和典型的案例充分说明天然气开发对贫困地区经济带动的重大作用，对国家继续坚持“油气并举”的战略，调整职工收入，适当提高天然气的价格，加快天然气开发缓解四川能源危机，加快贫困地区脱贫理论与实践的研究，长期开展天然气对贫困地区经济发展的评价，提出了建设性意见。

本研究在以下方面提出了创新：建立天然气对地方经济贡献评价的数学模型；运用经济评价数学模型，以N贫困地区天然气开发为实证研究，从定性与定量的角度确立了天然气在地区经济发展中的重要贡献；建立和完善贫困地区脱贫的理论、方式与途径；在天然气对地方经济带动的评价模型和计量方法。

1.5 研究重点与难点

本书的重点在于立足四川贫困地区经济发展的状况和贫困地区脱贫的方式与途径，在对国民经济信息化、铁路、包装、房地产等产业对地方经济发展的贡献进行比较分析的基础上，运用计量经济学、产业经济学、区域经济学及经济增长的相关理论，建立天然气对地方经济贡献评价的数学模型。运用经济评价数学模型，以四川 N 贫困地区天然气发展的相关数据开展实证研究，从定性与定量的角度确立了天然气在地区经济发展中的重要贡献。

本书在对四川贫困地区经济落后进行分析的基础上，建立和完善了贫困地区脱贫的理论与方式、途径，对加快贫困地区的脱贫具有重大现实意义。

本书在借鉴国民经济信息化、铁路、包装、房地产等产业对地方经济的贡献分析基础上，提出了天然气对地方经济带动的评价模型和计量方法，为地方经济评价提供借鉴与参考。

本书从统计、核算、会计、环境等多方面、多角度对天然气与地方经济的发展提出了实证研究，使研究具有较大的操作性。

本书对实现能源与环境的和谐、企业与社会的和谐，充分体现天然气在地方经济发展中的作用，大力实现能源脱贫的政策制定有一定的现实意义。

本书的难点有两个：一是天然气对地方经济带动的指标体系及评价数学模型的建立；二是四川 N 贫困地区天然气开发对经济发展贡献的相关数据的收集，由于涉及面广、涉及的单位多，数据指标体系复杂，收集有相当大的难度，可能存在部分数据不准确的地方。

第2章 研究的理论基础

贫困地区经济的发展与地区区域经济的资源及环境紧密相关，与地区产业结构、产业的优化紧密联系。对四川天然气开发对贫困地区经济发展带动的研究，是区域经济学、贫困地区经济发展理论及经济评价学理论在实际中的运用。

2.1 区域经济发展理论

区域经济学从狭义的角度研究了区域经济发展、区际经济关系和区域经济政策的问题，这其中包括了周围环境对地区经济发展与带动的影响。在资源丰富的地区，区域资源的开发是区域经济学研究的一个重要内容。

区域开发的对象是一切可利用的区域资源。传统资源开发是指充分利用荒地和自然资源，因此人们通常理解的开发是自然资源的开发。随着社会经济的发展，可以利用的资源已经远远超出自然资源的范围，经济资源、社会资源以及技术、文化等资源，都对区域经济发展起着十分重要的作用。而且，随着区域经济发展水平的提高，后者对区域经济发展的贡献越来越大。因此，现在指的资源开发意思是对各项资源的综合开发。

综上所述，区域开发是指一定的开发主体对特定区域的自然、经济、技术、文化、社会等各种资源进行综合利用，在保持区域资源、环境、经济、社会和谐统一的前提下，求得最大的经济发展和社会进步。

2.1.1 区域经济发展内涵、影响因素及途径

(1) 区域经济发展内涵

区域经济发展就是经济进步，主要表现在很多方面，对一个大的区域，甚

至一个国家而言，主要表现在五个方面（见图2－1）。

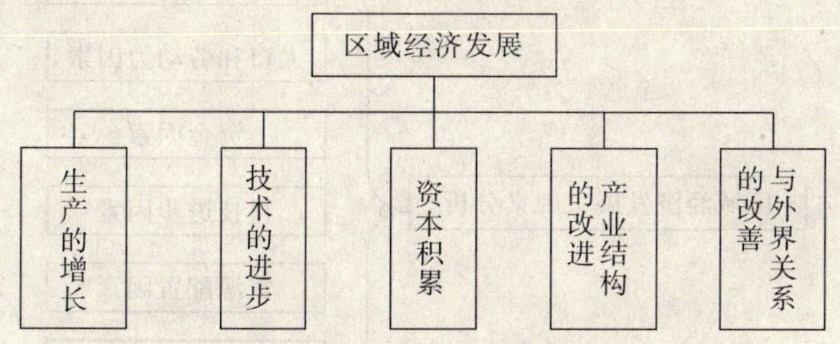

图2－1　区域经济发展表现示意图

生产的增长在经济发展中占有极重要的地位，区域经济中生产的增长主要是通过人均收入与人均生产总值来测定。

技术的进步主要是指工具或机械的发明改良、生产技术方面的知识增加、新产品的开发、劳动生产率的提高、资本效益的提高、成本的降低、大批量生产技术的开发、产品质量的提高等。

产业结构的改进主要是区域经济的发展，实际上涉及产业结构的历史演变。产业结构标志着地区经济发展水平。促进区域经济的发展，就要适时地培育和扶持新兴产业，使产业稳步地向有利于发挥地区优势、增加区域经济竞争力的方向发展。

资本积累就是把生产物的一部分不作为消费而是作为投资扩大再生产能力。技术进步与产业结构的变化都离不开资本积累。

区域经济的发展离不开生产资料的供应和产品的销售，需要与外界保持稳定的协作关系。保持区域经济的发展与外界的联系关键在于发挥自身的优势、提高产品的竞争力，其前提和基础是平等、互惠互利。

（2）区域经济发展影响因素

区域经济的发展受多种因素的影响，从经济发展所必需的基本要素角度来讲，经济的发展受到资金、人口和劳动力、技术、贸易交换、科技技术，有的甚至必须依靠自然资源，等等。随着现代科技进步与信息技术的发展，科学技术与信息在经济发展中的作用越来越明显了。区域经济的发展受区域经济条件的限制和制约，其经济的发展与影响区域经济的相关因素紧密联系。从区域经济学的角度分析，在区域经济发展因素中，影响区域经济发展的主要因素包括自然条件、资金等（见图2－2）。

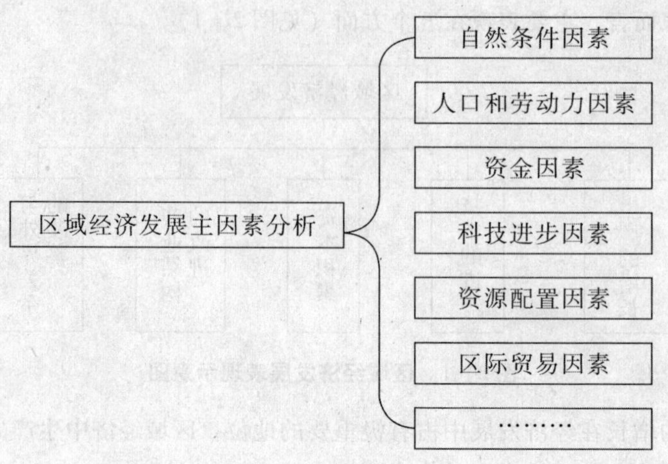

图2-2　区域经济发展主因素分析示意图

在自然条件、人口和劳动力因素、资金因素、科技进步、资源配置、区际贸易因素等影响因素中，他们各自在区域经济发展中的作用是不同的，分析方法也是多种多样的。目前，在区域经济发展战略规划中，一般是利用产出增长型生产函数构建经济增长速度方程。

假定在一个区域内，生产要素的边际替代率在科技进步过程中不发生变化，则这个区域的产出增长型生产函数为

$$Y_i = A_i K_i^{\alpha} L_i^{\beta} \quad (2-1)$$ ①

式中：K为资金投入量；L为劳动力投入量。其中：

K = 固定资产 + 定额流动资金年平均余额

L = 社会劳动力（区域）或职工人数（部门）

A包含了技术的作用，故称技术因子，也称经济技术管理水平；α、β分别为资本和劳动产出弹性系数，需通过间接途径求得，如可用多区域或多部门统计数字回归分析得到。一般情况下取 $\alpha = 0.3$，$\beta = 0.7$。该模型称作柯布—道格拉斯生产函数模型。

(3) 区域经济发展途径与方式

魁奈认为，决定经济增长的要素为农业资本与农业生产技术、农业剩余产品的再投资与企业家的努力。

亚当·斯密视劳动、资本、土地、技术进步、分工、社会经济制度与环境

① 吴殿廷. 区域经济学 [M]. 北京：科学出版社，2003.

作为经济增长的主要变量。

丹尼森认为，经济增长来源可归因为人力资本、非人力资本、资源配置和认识进展等。促进区域经济发展的途径（作用效果由大到小）包括：①发展交通；②发展农业；③开办学校和公用事业如医疗、文化中心、图书中心等；④建立现代化的金融机构；⑤吸引外资；⑥增加人员流动；⑦普及文化教育、职工教育；⑧资金积累；⑨科技进步①。

区域经济发展有以下四个方面的途径（见图2－3）：

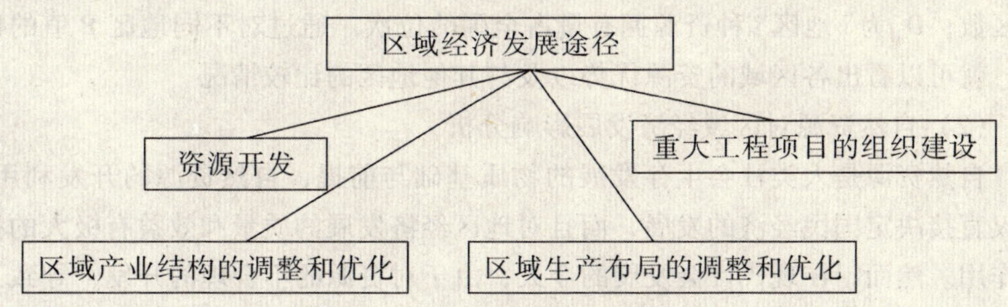

图2－3　区域经济发展途径示意图

对于贫困地区来讲，经济发展与开发主要以资源开发和区域产业结构的调整和优化为主，这其中也带动了重大工程项目的组织建设，从而必将带动服务业等第三产业的发展。

2.1.2　区域经济发展与自然资源

自然资源是由人们发现的、有用途和价值的东西。自然状态的或未加工过的资源可以被输入生产过程，变成有价值的物质，或者也可以直接进入消费过程给人们以舒适。自然资源具有稀缺性、区域性的特点。自然资源的开发对于区域经济社会的发展、环境的发展、文化与社会的进步都具有极大的推动和促进作用。

（1）区域自然资源优势评价

区域经济发展建立在地区资源的基础之上，而区域主导产业的发展则必须以地区的优势资源为基础，只有优势资源才能支撑优势产业。例如，廉价的水电资源有利于发展大耗能的冶金工业和化学工业，矿产资源的丰富则有利于发展原材料工业，而农业、牧业资源的丰富更能发展基础产业，等等。

自然资源优势度的评价。要确定一个地区的自然资源优势，必须要进行区

① 吴殿廷. 区域经济学［M］. 北京：科学出版社，2003.

域之间的比较，要比较就要进行综合评价。目前，通用的方法是自然资源综合优势度评价方法。

自然资源综合优势度评价方法是评价自然资源的相对尺度，主要考虑土地资源、水资源、能源资源、矿产资源等。首先将需要考虑的各项资源排列出各地区拥有量占全国的位次（1，2，3，…），然后根据公式进行计算。

$$P_i = (mn - \sum D_{ij})/(mn - m) \quad (2-2)$$ ①

式中，P_i 为地区自然资源优势度；m 为被评价的资源种类数；n 为对比的地区数；D_{ij} 为 i 地区 j 种资源拥有量占全国的位次。通过对不同地区 P 值的比较，就可以看出各区域的资源优势以及与其他地区的比较情况。

（2）自然资源对区域经济发展影响分析

自然资源是人类社会生存发展的物质基础与前提，自然资源的开发利用，不仅直接决定国民经济的发展，而且对地区经济发展的质量和效益有极大的推动作用。然而，在现代社会发展的今天，由于对资源的不合理的开发，导致了区域经济在发展的同时，也产生了对区域经济发展起制约作用的很多方面。

自然资源对人类生存发展起支撑作用：

①人类的生存离不开自然资源，人类的生存与发展，必须解决衣、食、住、行、用等问题，而满足人类这些生存与发展需要的物质资源都直接或间接地来自于自然界，其本身就是自然资源，或是自然资源的加工转化物。

②自然资源是区域产业发展与布局的物质前提与基础。自然资源是人类重要的劳动对象与劳动资料，是区域生产力的重要组成部分。首先，生产力包括劳动力、劳动对象、劳动资料等，它是人类认识自然、开发利用自然的能力。其中，劳动对象与劳动资料均直接或间接地来自于大自然。自然界不仅为人类提供矿产、土地、森林等自然资源，还为人类提供了风力、畜力、水、能源以及各种劳动工具等劳动资料。其次，自然资源是区域分工和生产发展的自然基础，影响区域的产业结构。产业部门往往伴随某种资源优势的存在而产生，不同产业部门的发展随不同种类自然资源的组合而产生。依靠自然资源发展起来的生产部门的规模受到自然资源的数量制约，区域自然资源的状况是决定区域经济部门分布与发展的重要因素之一。最后，有利的开发条件与良好的资源质量是提高区域生产活动的经济效益的基础，也是影响区域经济可持续发展的重要保证。同一资源，开发利用的方式受其开发质量与开发利用条件的影响，成本投入、劳动生产率、产品质量、市场售价等也会在开发利用过程中发生变

---

① 孙久文，叶裕民. 区域经济学[M]. 北京：人民大学出版社，2003.

化，经济效益也会有所不同。

③自然资源的充分开发利用对于促进区域社会经济的持续发展有重要作用。由于受开发利用方式与开发利用状况的不同影响，同种数量与质量的自然资源，对区域社会经济发展具有不同的影响。其主要表现在两个方面：一是资源利用的合理性问题。即在坚持可持续发展原则的基础上，将有限的资源用在最适合的位置，合理地利用资源。不损害社会和其他人的净福利，并考虑未来几代人需要，最大限度地发挥资源的作用。二是资源利用率的高低，包括资源开发利用率高低和利用效率的高低。

④自然资源仍然是支撑我国经济增长的基础。自然资源在工业社会前半期基本上是制约经济增长的决定性作用，而且在某种程度上其作用还高于知识资源。随着信息社会的到来，经济增长的主因是知识资源，但是，再聪明的人类，再发达的科技，没有自然资源都难为无米之炊，自然资源对区域经济发展的基础支撑作用依旧存在。

自然资源对区域发展的制约作用：

自然资源仅为区域经济发展提供了可能，因为社会生产力对自然资源的开发和利用具有一定的制约作用。自然资源是客观存在物，在未被纳入生产过程、参与经济活动时，是与经济无关的，当然对经济发展也就无多大作用。自然资源只有在生产过程中，成为生产过程中的生产要素（劳动对象和劳动手段）时，才会影响经济发展。

自然资源能否影响经济发展，以及影响程度有多大，往往会受到许多中间环节的制约。在市场经济条件下，市场供求状况、商品的价值对资源的开发和利用都具有重大的影响。但是从长远来看，尽管有效利用自然资源可以奠定区域发展的基础，但是资源丰富度高的国家或地区发展水平未必高，也就是说，一个国家或者一个地区的发展水平同其自然资源的丰富度并没有显著的相关性。自然资源对区域经济发展的制约作用主要表现在：对自然资源的依赖导致思想观念的落后；资源型区域在国家整体经济体系中处于不利地位；对资源型产业的依赖阻碍了区域经济的发展；资源型城市的发展面临较多困难，等等。

2.2 贫困与反贫困理论

2.2.1 贫困及贫困地区

有关组织和机构对贫困的定义不太统一。在国外，有的组织认为缺少达到最低生活水准的能力即为贫困；有的认为个人、家庭和社会群体因物质的、文化的和社会的资源的有限而导致难以满足人的最低限度的生活或生存即为贫困①。

《我国农村贫困标准线研究》②（童星、林闽刚著）一文认为贫困是因收入不高而造成的缺乏生活必需的基本物质和服务，包括没有发展机会和手段的这样一种社会状况，常表现为经济、社会和文化落后。国家统计局关于农村贫困问题课题组的调查研究认为贫困是人或家庭的生活水平达不到一种社会可接受的最低标准，缺乏某些必要的生活资料和服务，生活处于困难境地。贫困常指的是物质生活困难。

我们认为，贫困是政治、经济、社会、历史、文化、自然现象等综合原因而形成的有机统一体，是人们长时期无法获得足够需要来维持一种基本生理、心理要求的、社会文化可接受和社会公认的基本生活水准的状态。贫困具有一定的区域性。

2.2.2 衡量贫困指标体系

贫困地区是以一定区域内的目标群体的生活状况和社会状况来识别和区分的，而贫困目标群体的识别和界定又是以一系列有关贫困的测量为基础的。通常，贫困的测量是在三个层次上展开：经济状况或生活水平、划定贫困线、测量贫困程度。

（1）绝对贫困测量指标

①人均 GNP。在国际上，各国经济发展水平和一部分国家贫穷状况的经济指标常用国民生产总值（GNP）来表示，它是衡量工业发达国家和低收入国家之间贫富差距的重要指标之一。计算公式为：

$$GNP_t = GNP_0 \times (1 + r) n \tag{2-3}$$

① 世界银行．1990 世界发展报告［M］．北京：中国财政经济出版社，1990.

② 林闽刚．中国农村贫困标准的调适研究［M］．北京：中国农村经济，1994：2.

式中：GNP_t 代表终期的国民生产总值；GNP_0 代表基期的国民生产总值；n 代表从基期到终期的年数；r 代表增长速度，即平均增长率。

②收入指标。贫困人口的生活水平和收入水平常用收入指标来表示。通过收入指标可以监测贫困人口状况，提供及时的信息，可以反映贫困人口增加收入机会的大小。

③社会指标。社会指标包括社会部门公共支出占 GNP 份额、小学入学人数、儿童发展、妇女发展，等等。它反映了社会服务的提供及其结果。

④计量贫困人口指标。人口计量指数常以低于贫困线生活（消费）水准的人口占总人口的比例来表示。

（2）贫困程度测量指标

贫困程度的测量是对一个国家或地区的贫困水平或贫困人口状况的宏观测量，具有一定的宏观性。贫困程度测量指标包括贫困发生率、贫困差距指数、分布敏感测量和优势度四个指标。

① 贫困发生率（贫困人口调查指数）也叫“绝对贫困指数”、“贫困发生率”或“人头法”，是指贫困家庭个数与总户数的百分比，也可用贫困线以下人口与该国家或地区总人口数的百分比来表示。公式为：

$$PH = \frac{q}{n} \tag{2-4}$$

其中：PH 指贫困人口调查指数；q 表示贫困线以下人口；n 表示总人口。

② 贫困差距指数（收入差距率），指贫困线与贫困者实际平均收入间的差距，它测量的是贫困人口总收入与贫困线之间的差距占国家总消费量的比例。也就是说：要使每一个穷人都脱贫时所必需的社会转让是多少，即贫困的深度。公式为：

$$PI = \frac{\Delta g}{C} \tag{2-5}$$

其中：PI 指贫困差距指数；Δg 表示收入差距（即要使每一个贫困人口的收入上升到贫困线水平时所必需的收入）；C 表示国家总消费量。

贫困差距指数用贫困者平均收入与贫困线之间的差额占贫困线的百分比表示，即首先要测量出每个贫困人口的纯收入与贫困线之间差距；然后，再测量出这个差距在国家总消费中所占的百分比；百分比越大，说明贫困人口的收入越不足。

据世界银行测量，1985 年我国赤贫人口的贫困差距指数为 1%，即在 1985 年，我国要使每一个赤贫人口的收入达到贫困线水平，仅需将国家总消费量的 1% 转让给赤贫人口。

③ 分布敏感测量。用来反映贫困人口生活水准的分布状况。假定社会投入较大的价值去帮助最贫困的人，这种测量就能反映个人（或家庭）收入低于贫困线的程度。相对于不那么贫困的人而言，对最贫困者投入越多，对贫困严重性测量就越敏感。

④ 优势度。不论贫困线或选择的贫困测量方法如何，某段时间或某些政策变动（也可不变）造成的贫困增减，它是基于两次累积收入分布的比较之上的。如果后一时期的累积收入分布不高于前一时期，那么贫困明显减少，这称为“第一顺序优势条件”。如果累积分布交叉，那么交叉在贫困线之上的收入水平上，第一顺序优势程度仍然存在，但是如果交叉在贫困线之下的收入水平上，选择哪种分布有较大的累积频率。这称为“第二顺序优势条件”。

（3）相对贫困测量指标

①五等分法。五等分法是以人口家庭人均收入高低的排列为依据，对排列的人口进行五等分，最后以各1/5层的人口的收入在总收入中所占的比例为单位进行测量。在测量的过程中，高收入层常为最高收入的1/5人口，而贫困层常为最低收入的1/5人口，当然，这种贫困是相对的。

②不平等指数。不平等指数测量的是富裕层与相对贫困层的差距，反映的社会两极人口与中等收入人口的比率关系和社会的不平等程度，通过比较某一特定国家或地区的不平等指数可以测算出不平等程度的变化情况。一般来讲，中间大则显示社会分化程度低，两极大则显示社会贫富分化程度高。

一般将收入高于平均收入2倍及2倍以上的视为最高收入者，贫困线以下的人视为最低收入者。不平等指数的计算方法常用最高收入者占总人口的比例与最低收入者占总人口的比例之和来表示。

③恩格尔系数法。食物支出占家庭全部支出的比例即为恩格尔系数，它是衡量贫困的数量指标，其依据是恩格尔定律。公式表示为：

$$\text{恩格尔系数} = \frac{\text{食物支出额}}{\text{消费支出总额}} \times 100\% \qquad (2-6)$$

一般来讲，家庭收入越少，支出中用于购买食物的费用所占的比重就越大；同样，一个国家越穷，每个国民的平均支出中用于购买食物的费用所占比重越大；随着家庭收入或人均国民收入的增加，支出中用于购买食物的比重将会下降。但是，由于恩格尔系数没有把穿、住、用的生活消费和维持温饱的简单再生产需要的生产资料考虑进去，只考虑了食物消费。因此，在反映一国人民的实际生活水平方面仅用恩格尔系数是有一定缺陷的。

目前，世界各国普遍采用恩格尔系数来反映消费程度，表2-1为联合国应用恩格尔系数确定贫富的标准情况。

表 2-1 **恩格尔系数与贫富程度关系对照表**

贫富程度	恩格尔系数
赤贫	大于 59%
勉强度日	50% ~59%
小康水平	40% ~50%
富裕	20% ~40%
极富裕	小于 20%

④基尼系数测量。因为能较全面、准确地反映出财产、收入等分配的不平等程度，基尼系数在社会分层研究中已被广泛应用。基尼系数由意大利的基尼（C. Gini）根据洛伦茨曲线圈建立的测量分配不平等程度的指标。其计算公式为：

$$G = \frac{A}{A + B} \tag{2-7}$$

其中：G 表示基尼系数；A 表示实际收入分配线与绝对平均线之间的面积；B 表示实际收入分配曲线与绝对不平均曲线间的面积。

（4）贫困特殊测量指标

贫困是由多项指标构成，其测量相当困难。为准确测量与反映贫困的真实状况，必须运用以下复合测量方法：① 社会经济地位量表（简称“SES”）。它以对收入地位、教育地位、职业地位的测量并计算其综合值来反映一个人的综合地位之高低。② 四种地位量表。美国社会学家兰德克提出的、比 SES 量表多了一项民族或种族地位的变量。③ 贫困层欠债指标。欠债是贫困的一个重要经济指标，是穷人的一般特征之一。④ 贫困层生命周期指标。按照朗特的观点，穷困时期称“需求与短缺时期”，包括劳工的童年时期、劳工有了小孩以后的时期和劳工年老以后无法工作的时期，而剩下的时期则属于相对富裕时期。劳工的生活由“相对富裕时期”和“穷困时期”组成。

（5）贫困问题特殊性

社会对贫困状况的感受随着贫困程度的逐渐减轻而日益强化。当贫困由全局状况转变为局部状况，贫困人口由绝对多数变为绝对少数时，“贫困”才会成为一个社会问题，“反贫困”才会成为一项社会任务和社会行动。随着社会收入分配差距的日益扩大，穷人的“相对被剥夺感”或“自我的贫困意识”

也愈来愈强烈。较高的人均收入水平、较大的收入分配差距、较少的贫困人口是社会采取反贫困行动的三个必要条件。

2.2.3 贫困成因理论分析

（1）自然环境论

自然环境论认为贫困是由于恶劣的地形地貌、气候、地理位置等自然环境条件所致。美国经济学家 M.P. 托达罗指出，现代经济增长较快的国家大都在温带地区，而位于热带或亚热带地区的第三世界国家经济发展则较慢，这种情况必然与不同的气候环境直接或间接引起的某些特殊困难有关，这种分歧也不能简单地归之于巧合。

自然环境论的缺陷在于无法解释近年来在自然资源不良的地区，比如国际上一些资源稀少的国家，通过发展劳务输出、转口贸易、委托加工、技术开发等仍有经济发展较快、贫困现象迅速改变的情况。但该理论在解释一时一区的暂时贫困实质时有一定的积极意义。

（2）资本缺乏论

现代经济学认为，资本是经济良性循环发展的动力。资本缺乏论认为，造成贫困的主要原因是资本的短缺。美国经济学家纳克斯提出了著名的“贫困恶性循环”理论，该理论认为，发展中国家经济长期存在贫困的原因在于这些国家存在着若干个相互作用、相互联系的“恶性循环系列”，这常被我们称为“贫困恶性循环”。从需求与供给两方面看，贫困恶性循环的过程可以表示为：

从需求方面看，形成了“低收入—低购买力—投资引诱不足—低生产率—低产出—低收入”的恶性循环。从供给方面看，周而复始地形成了“低收入—低储蓄能力—低资本形成—低生产率—低产出—低收入”的恶性循环。这两个循环形成了发展中国家在封闭条件下长期难以突破贫困的陷阱，他们之间相互影响、相互作用，阻碍了贫困地区经济的发展。

资本的匮乏使得经济发展和摆脱贫困十分困难，从这一点来看，资本是经济发展的关键。但是仅仅从资本的短缺来强调贫困的成因是片面的。1971 年纳迪里在《要素投入与全部资本生产率的国际研究》一书中认为：资本形成虽然重要，但不能成为经济增长的决定性因素。由此可见，资本短缺并非贫困的唯一根源，但资本对摆脱贫困确实存在重大的意义。

（3）人口素质论

米尔顿·弗里德曼和夫人罗斯合著的《资本主义与自由》一书认为，贫困的原因主要在于个人懒惰、不节俭、不努力工作、缺少创业精神以及身体方面的某些原因，市场经济条件下给人们提供挣钱的机会是均等的，但只有那些具有创业精神、努力工作的人才能抓住机会。人口素质论认为，人的素质可分为个体素质和群体素质，贫困的根源在于人的素质差。

群体素质论者认为，贫困是一种群体现象，是一种群体文化，是一种不断延续和繁衍的贫困文化，它们以贫困地区或阶层贫困的类型出现。由于其经济行为与周围环境的区别，贫困地区或贫困阶层的人们因而形成一种处于分离状态的生活方式、行为规范、价值观念体系等。因此，改造群体贫困文化是消灭贫困的重要内容。

个人素质论者认为个人素质决定着个人就业收入和社会地位，强调个人素质差别与收入水平的联系，个人素质的缺陷就是贫困。个人素质论忽视了自然条件、社会制度、生产力发展水平以及人口数量等因素与贫困的关系，仅从人口素质方面来揭示贫困，无法解释同一个人在地域变化的过程中从穷人变富人的社会现象和经济现象。大多数贫困者并非懒汉，他们努力工作却拿到很少的工资，想要工作却找不到就业机会。

（4）“低水平均衡陷阱”理论

“低水平均衡陷阱”理论最早见于美国著名经济学家纳尔逊所著《不发达国家的一种低水平均衡陷阱理论》一文中。纳尔逊认为，贫困的自我维系存在另一种循环过程和机制，这种循环过程和机制的产生源于人均资本、人口和国民收入三种要素的增长分别与人均收入的关系。“低水平均衡陷阱”状态是指：在现实社会关系中存在人均收入理论值，这个收入理论值与人均收入的比较差距对国民收入有极大的影响。如果人均收入高于这一理论值，而人口的增长落后于国民收入的增长，人均收入就会得到相应增加，直到人口增长高于国民收入的增长时为止，国民收入增长和人口增长达到新的均衡，这是高水平均衡，而非低水平的均衡。如果人均收入低于这一理论值，人口增长率很快就会抵消国民收入的增长，使人均收入退回到维持生存的水平上，并且固定不变；如果其他条件不变，这种均衡也是稳定的。由此可见，贫困均衡稳定的一个重要环节和条件是人均资本增长与发展中国家人口的增长的不平衡。

（5）制度短缺论

这一理论认为制度短缺是贫困的根源。社会经济、政治、文化素质形态等制度因素与发展市场经济的错位与矛盾是贫困地区的制度短缺的集中表现。在一个开放系统中，只要制度条件具备，资本、技术、资源的短缺终究可以从引进中得到弥补并发挥应有的效益。但因制度短缺使得输入的资源、资金和技术变为继生性的匮乏，造成资源、资本的闲置与浪费和技术的停滞，因而贫困的消除不会受到投入的影响。在分析贫困原因时，制度短缺论忽略了区域发展的资源区位、市场区位及贫困形成的历史性，过分强调制度因素，因而也存在一定的片面性。

贫困作为一个综合的社会现象，是经济、社会、文化落后的总称，贫困是历史发展的产物，产生贫困和持续贫困的原因是多因素的集合。以上关于贫困根源的各种理论分析，从不同的学科、角度对贫困实质做出了有重要价值的研究，对我们研究贫困问题、探究贫困根源都具有非常重要的理论借鉴。但是，一个国家、一个地区和特定的贫困人口，在特定的时空影响其贫困的因素是不同的，这需要我们结合贫困地区贫困人口的具体情况进行分析。

2.2.4 脱贫途径理论分析

贫困原因是多方面的，这既有历史的原因，也有社会、政治、文化以及自然环境等原因。如何帮助贫困地区脱贫一直是世界各国、各种组织和机构不断研究的问题，并且已在不同的国家、不同的地区典型成功经验的基础上总结出了一些较为成功的、具有典型代表的脱贫先例，总结这些地区的脱贫历史及经验，形成了一些脱贫理论。

2.2.4.1 平衡增长理论

平衡增长理论指在国民经济发展过程中，国民经济部门按不同比率或同一比率得到全面发展，以此来实现工业化或经济发展。该理论产生于20世纪40年代整个国民经济各部门同时进行大规模投资时期。平衡增长理论存在三种类型：一是以拉格纳·纳克斯为代表，注重经济发展路线的“温和”型平衡增长理论；二是以罗森斯坦·罗丹为代表，强调投资规模的“极端”型平衡增长理论；三是以斯特里顿为代表，强调两者折中的“完善”型平衡增长。

平衡增长理论为发展中国家实现工业化和经济迅速发展提供了一种发展模式，并对一些国家经济发展战略政策的制定产生了一定影响。它避免了忽视其他部门发展的倾向，同时也避免了片面强调工业化，它强调大规模投资和合理配置有限资源的重要性，重视实现宏观计划化的必要性和克服市场机制作用存在的局限性，因而具有重要的理论和现实意义。

2.2.4.2 循环累积因果理论

该理论说明了经济发达地区优先发展对其他贫困地区的促进作用和不利影响，并提出了既能发挥发达地区带头作用，又能刺激落后贫困地区发展，最终达到缩小发达与贫困之间差距的若干政策主张，阐述了区域经济的不平衡发展性。其代表人物为瑞典经济学家G.迈达尔（Gunnar Myrdal）。迈达尔认为，循环累积因果理论主张通过回流（回波）效应和扩散效应来实现经济发展。虽然回流效应和扩散效应有可能相互抵消，但这种平衡会随着力量对比的变化导致系统做上向或下向的累积运动，这是一种非稳态均衡。两种效应的相对强度与国家经济发展水平有关，在现实中，不发达国家的回流效应较强，而发达国家的扩散效应较强。因此，贫困区际间经济发展的不平等与国家市场力的作用加剧有重要关系。

2.2.4.3 区际不平衡增长理论

区际不平衡增长理论者认为，不平衡增长与平衡增长是从不同时期、不同角度、不同阶段考虑的。强调不平衡增长的最终目的是实现更高层次和水平的平衡增长。代表人物是美国的赫希曼（A. O. Hirshman）。不平衡增长是手段，平衡增长是目标。经济进步并不同时出现在所有的地方，增长点或核心区的增长动力主要来源于"核心"内出现的聚集经济利益和"动态增长气氛"，巨大的动力将会使得经济增长围绕最初的增长点集中。为此，"联结效应"（Linkage Effect）理论在经济发展中得到一定的使用，即首先集中资本投资于那些能产生最大投资效果的直接生产性活动部门，获得投资效益，增加产出和投入是实行不平衡增长战略的前提；然后，再通过基础设施部门投资建设推动经济增长。

由于发展中国家一般处于经济发展的初级阶段，而且资源稀缺，因而从资源有效配置的角度，应考虑如何把有限的资源分配到最有生产潜力即联结效应最大的产业中，通过这些产业的优先发展解决经济发展的瓶颈问题，并带动其他产业发展。不平衡增长理论在发展中国家得到了广泛运用。

2.2.4.4 区域核心——边缘结构理论

新古典主义经济学派认为，由于市场的不完善或结构性不均衡造成核心区和边缘区的要素和资源不能自由流动，合理有效的资源配置得不到实现。随着经济发展的推进，由于市场力的作用，将使得核心与边缘之间通过资本和劳动力要素转移而逐步达到平均利润，核心与边缘间实现均衡，要素市场最终出现统一，区域核心——边缘结构逐渐走向消亡，从而实现区域均衡和空间一体化。

2.2.4.5 增长极限理论

该理论由法国的佩鲁（Fzancois Perroux）于1950年提出。他强调经济发展中增长的势头不会同时在所有地区和部门出现，而是集中在那些具有创新能力的地区、产业或部门。因此，资源配置应集中在具有创新能力的行业和产业部门，并由此带动其他经济部门的发展。

2.2.4.6 “国际劳动分工”理论

该理论认为，随着全球经济一体化进程加快，交通、通讯、科技的改善，运输成本不再构成区位因素的主要矛盾，劳动力成本成为国际投资的关键因素。因此，在“推拉因素”下，国际资本将流动到有一定发展规模，拥有大量廉价而又有一定技术的劳动力、足够的基本设施和配套工业以及优惠、灵活政策的发展中国家或地区。因此，改善投资环境是发展中国家吸引外资的重要途径。

2.2.4.7 梯度推移与反梯度推移理论

梯度推移论是生命循环论与区域经济学相结合的产物，最早源于美国哈佛大学经济学家弗农等人首创的工业生产生命循环阶段论。该理论认为：区域经济的盛衰主要取决于产业结构的优劣及其转移；产业结构的更新是地区经济向高梯度发展的根本动力；由于不同产业处于发展的不同阶段，如果主导产业处于生命循环的创新阶段，区域经济就为高梯度，反之，若主导产业处于成熟、衰老期，区域经济就为低梯度。创新活动大都发源于高梯度地区，然后随着时间的推移和生命循环阶段的变化，按顺序由高梯度向低梯度地区转移。每个国家和地区都处在一定的经济发展梯度上，世界上出现的每一种新产品、新技术、新行业都会逐渐由高梯度向低梯度地区推移。

而反梯度推移论认为，现有的生产力水平梯度并不一定就是引入和采用先进技术和经济开发的顺序，技术和经济开发的顺序应当由经济发展的需要和可能来决定，不论这个地区处于哪个梯度，只要有条件，又是经济发展需要的，就可以引进先进技术进行大规模开发，也可能带来经济的发展机遇。

2.2.4.8 突变型超越论

该理论的主要特点就是突变和超越，即根据经济发展要求和条件，在落后地区直接引进和采用世界最新技术，发展自己的高技术，实行超越发展。突变是相对于常规技术由高梯度向低梯度推移的顺序，超越则表现为不仅通过引进技术赶上而且逐渐超过原来的发达地区，使技术从本区向原来的较发达地区和发达地区推移。实现突变超越式发展需要人才与技术、组织机构、资金、基础设施准备等。

2.3 可持续发展理论

2.3.1 发展的概念

发展的概念来自于胚胎学，代表着一种自然的生命演变过程。经济学的“发展”实质是指景况的变迁。发展理论，有广义和狭义之分。广义的发展理论研究全球范围的经济发展和社会变迁的一般规律，研究世界各国经济社会发展的历史、现状和来来。狭义的发展理论是研究“发展中国家”走向“发达”的条件、动力、方法和途径的理论。

20世纪50年代以来，对发展中国家的发展问题和南北关系中的发展问题的研究逐渐形成了包括现代化理论、依附理论和世界体系论在内的发展理论，这是发展理论的三个发展阶段，实现了历史性与未来性、可变性与相对稳定性、渐进性与飞跃性、具体性与整体性的统一。迄今为止，人类社会发展主要出现过三种模式：原发式、后发式、新发式。经历了传统发展战略、基本需求战略、协调发展战略和可持续发展战略四个阶段。

2.3.2 可持续发展理论的形成

自20世纪60年代起，一些研究人员开始审视和反思工业经济中普遍奉行的“不可持续”发展战略，研究和探索人类社会可持续发展道路。1962年，美国人卡逊发表了《寂静的春天》；1972年罗马俱乐部公开发表美国未来学家丹尼斯·麦多斯等人首次研究人类困境的报告——《增长的极限》，提出了著名的“零增长”模式，从而为“可持续发展”理论的产生奠定了初步基础。1981年美国世界观察所所长、农业科学家莱斯特·R.布朗（Lester R. Brown）在《建设一个可持续发展的社会》（Building a Sustainable Society）中，对“可持续发展观”做了首次系统的阐述，“可持续发展”理论基本形成。1992年6月联合国在巴西里约热内卢召开的“环境与发展”大会，以“可持续发展”为指导方针，制定并通过了《21世纪议程》。这是世界各国为促进全球可持续发展而制定的一个共同行动准则和共同发展战略，成为经济学和社会学领域中的重要范畴，标志着可持续发展理论的形成。中国政府在世界环境与发展会议上，作出了履行《21世纪议程》的庄严承诺，并于1994年3月制定了《可持续发展战略——中国21世纪议程》。

2.3.3 可持续发展及其内容

（1）可持续发展基本含义

可持续发展的内涵：第一，经济、社会发展和保持、建设良好的生态环境；第二，自然资源的永续利用是保障社会经济可持续发展的物质基础；第三，自然生态环境是人类生存和社会经济发展的物质基础，是人类生存和进步须臾不离的东西。它有两个最基本的要点：一是强调人类在追求健康而富有成果的生活权利时，也要形成和保持其与自然相和谐的关系与方式，追求发展权利的实现；二是强调当代人在创造和追求当前发展与消费的时候，应承认并努力做到使自己的机会与后代人机会相平等。

（2）可持续发展原则

可持续发展主要有以下四个原则：公平性原则（Fairness）；可持续性原则（Sustainability）；共同性原则（Common）；需求性原则（Demand）。

（3）可持续发展的观点

①资源观。影响可持续发展的所有因素都可归结为资源，包括自然资源、环境资源、社会资源、经济资源、技术资源、制度资源。②价值观。环境具有价值，人类活动创造的价值必须和社会价值、环境价值相统一。③道德观。提倡人与自然和谐共处、协调发展、协同演化，要尊重、实现和维护自然价值，对自然的“索取”与“给予”要保持动态平衡。④文化观。建立生态文化，在精神层次上建立尊重自然的文化；在制度层次上改革社会体制，建立新的人类社会共同体和人与自然的伙伴共同体；在物质层次上改变掠夺自然的生产方式和生活方式。⑤发展观。发展是经济、社会、环境综合协调的系统工程。发展除经济指标外，还包括有社会指标，如反映生活质量的“非经济尺度”——教育、闲暇、健康、住房、犯罪、社会地位变化等，以及反映分配状况的“经济尺度”——收入分配、就业比例等。还有环境指标，如大气质量指标、水污染指标和森林覆盖率等。

（4）可持续发展的特征

①可持续发展鼓励经济增长。这种增长不仅是数字的增长，更追求改善质量、提高效益、节约能源。它是国家实力和社会财富的体现。

②可持续发展以保护自然为基础，强调与资源和环境的承载力相协调，而不是以经济发展为唯一目标。

③可持续发展与解决大多数人口的贫困联系在一起，与社会进步相适应，以改善和提高人类生活质量为目的。贫困与不发达是造成资源与环境恶化的原

因之一。只有消除贫困，才能构筑起保护和建设环境的能力。

④可持续发展社会是一个动态的社会变迁过程，是一个开放的社会。

总之，可持续发展包括经济持续、生态持续和社会持续，它们是互相关联、不可分割的。生态持续是基础，经济持续是条件，社会持续是目的。

（5）可持续发展指标体系

可持续发展能力主要体现在三方面：社会合力（Social Intergration），包括人口容量、人口素质、文化道德、生活方式、公众意识、社会稳定性、社会公平性、体制合理性等；经济潜力（Economic Potentiality），包括能源、资金和信息的使用效率、资源、效益及增长率、资产储量、人均收入、资本可替代性等；生态支持力（Ecological Stewardship），包括生态还原力、资源承载力、生态自我调节力、环境质量等。可持续发展以社会、文化、环境、经济、生活等多项指标来衡量，以追求各种经济活动的生态合理性为目标。可持续发展指标体系在时间上应能反映发展速度和趋向，在空间上反映其整体布局和结构，在数量上反映其规模，在层次上反映其功能，这三类指标体系分别通过能量流、物质流与信息流相互联系、相互依存。其主要内容包括具体的可操作、可度量和可监测的内容。

（6）可持续发展构成要素

我国贫困地区和人口情况十分复杂，制约贫困地区可持续发展的因素很多，包括人口、资源、环境、技术、制度等。

2.4 反贫困与可持续发展理论

可持续发展扶贫论是指为了实现社会经济可持续发展和减缓贫困的双重目标，扶贫主体（主要是政府）充分利用政府机制、社会机制、市场机制和法律机制，吸纳一切可利用资源投入到扶贫中，对社会经济资源实行优化配置，在人口、资源、环境相互协调，自然—经济—社会—文化复合系统持续、稳定、健康发展的基础上，促进经济增长，满足人类基本需求，从而减缓贫困。

2.4.1 贫困——可持续发展的最大障碍

早在1972年，联合国人类环境会议通过的《人类环境宣言》就指出，在发展中国家，环境问题大多是因发展不足造成的。联合国《里约热内卢环境与发展宣言》第二十七条实现可持续发展的基本原则中指出，缩小世界上大多数人生活水平上的差距，更好地满足他们的需要，所有国家和所有人都应在消除贫困这一基本任务上进行合作，这是实现可持续发展的一个不可缺少的条件。所有签署这一文件的国家都同意贫困不仅仅是贫困人口所在国家的事，而且是全人类实现可持续发展的根本障碍。资源枯竭、环境恶化是人类面临的重大危机，贫困与资源的压力造成的健康损害和生产能力下降、土壤劣化、森林滥伐等，会给发展中国家的收入分配、未来的增长乃至生存造成严重影响，并危及全球经济的发展和环境安全。目前，在发展中国家，混浊的空气和被污染的水对人类生命的危害远比已经工业化了的国家经历他们的维多利亚烟尘时代时受害和死亡的人口要多。

由此可见，贫困不仅是发展中国家自己的经济问题，更是全人类实现全球可持续发展的根本障碍。减缓贫困不但具有道义上的必需性，而且也是全球环境持续性的前提。

2.4.2 反贫困与可持续发展一致性

（1）从贫困成因和现象来看

造成贫困的原因可归结为资源匮乏、价值观淡漠、文化观没落，并由此引起贫困的恶性循环。具体表现为：①包括自然资源、环境资源、社会资源和经济资源在内的资源匮乏，缺乏可持续发展的资源观；②对自然资源和环境资源价值观的淡漠，滥用资源，加速资源耗竭和生态环境恶化；③缺乏与自然和谐共处，协调发展，协同演化，尊重、实现和维护自然价值，以人类的整体和长远利益为最终目标的道德观；④缺乏建立生态文化、尊重自然的文化，缺乏建立人与自然共同体的文化观等，造成贫困的恶性循环。总之，贫困是自然和经济、社会、文化、环境等方面的不可持续性所造成。可持续发展也包括经济发展、社会发展、文化发展、环境发展等因素，通过可持续的经济发展，可以提高人们的收入，改变物质匮乏的贫困现象；通过可持续的社会发展，延长贫困人口寿命、提高教育文化水平、改良医疗卫生条件，改善生存、生活环境；通过可持续发展文化观，建立生态文化文明观，改变贫困造成的封闭、自私、狭隘的小农意识等落后的观念。

（2）从反贫困与可持续发展目标看

“人类需要和欲望的满足”和“人类生活质量（包括环境质量）的持续提高”是可持续发展的首要目标。其原则是公平性、可持续性、共同性、需求性。贫困的实质是人类需要和欲望得不到满足，生活处于困苦状态。从某种程度上说，贫困正是社会不公平的表现，违背了可持续发展的公平性原则。资源的永续利用和生态系统的可持续保持是人类持续发展的首要条件，资源和环境的不可持续性是贫困形成原因之一，它既是贫困的原因，又是贫困的结果，反贫困的目标也要寻求资源的合理有效利用，保护好生态环境。从这个意义上，两者的目的是一致的。因此，反贫困与可持续发展的根本目标是一致的。

（3）从实现经济增长途径看

扶贫的最根本途径就是通过经济和社会发展，提高人们的生活水平，以此来减缓和消灭贫困。经济增长是反贫困的主要措施之一。经济增长经历了由传统增长模式向可持续增长模式的演变，传统的依靠对自然资源和环境资源的疯狂掠夺来换取经济和科技的增长，必然造成人类未来生存条件的加速恶化，人与自然资源、环境的失衡加剧，使各种社会经济因素与生态环境之间不协调，人口增长失控、素质低劣，自然资源贫瘠、缺乏科学有效开发利用，生态环境遭到严重破坏，生产力水平低层次、技术落后等，严重影响了反贫困的后续效果，因此，实施可持续发展扶贫战略正是巩固反贫困效果的有力保证。

（4）从反贫困与可持续发展辩证关系看

反贫困与可持续发展是相互依赖、相互促进、相互制约的。一方面，反贫困对可持续发展具有推动作用。通过缓解贫困，促进社会经济增长，提高人们的生活水平，为治理环境提供必要的资金和技术条件；促进人们对环境资源的保护、自然资源的有效利用、生态环境的改善。另一方面，可持续发展也要求在反贫困进程中避免因资源的不合理开发产生生态破坏和环境污染的问题，使社会遭受重大经济损失，造成资源的短缺，从而限制经济的持续发展。所以可持续对反贫困起着主导作用，决定着反贫困的目标、方向、途径和措施。

（5）从扶贫效率看

可持续发展扶贫观强调扶贫进程中必须保持经济、社会、文化、环境、资源利用的协调性，以可持续的经济增长来带动扶贫，从而克服扶贫进展缓慢、效率低、返贫现象严重的状况。

2.4.3 制约扶贫效率的因素

扶贫效率是指扶贫开发活动中所消耗的资源与取得效果的比率。追求扶贫开发效率，要求以最小的投入成本，产出更好更多的产品；或以同量的投入获得尽可能多的产出。扶贫效率的最优化取决于机构的耦合及创新能力：①明确的目标导向，严格的制度规范；②清晰的机构层次和职能界定，合理的分工与协作，恰当的管理幅度；③信息的透明度和对称性，包括决策机构、执行机构、技术部门、金融和物资供应部门、贫困地区、贫困人口各个方面信息传递畅通，平等交换，相互协商、吸纳和有效运用等；④ 机构运转动力，包括体制内和体制外的动力，物质因素、政治因素、人的价值观念和道德、公共舆论压力等；⑤监督机制，包括扶贫战略执行过程和结果的反馈、修正、审查、监督等。

影响扶贫效率的因素主要有：意识形态因素、系统的整体协调性、制度创新。

2.5 主成分分析及数学模型

主成分分析（Principal Components Analysis，PCA）又称主分量分析、主成分回归分析法，首先是由 K. 皮尔森对非随机变量引入的，之后是 H. 霍特林将此方法推广到随机向量的情形，旨在利用降维的思想，把多指标转化为少数几个综合指标，并用这几个具有代表性的综合指标来衡量产业对经济贡献大小的问题。

主成分分析在统计学中是一个线性变换。这个变换把数据变换到一个新的坐标系统中，使得任何数据投影的第一大方差在第一个坐标（称为第一主成分）上，第二大方差在第二个坐标（第二主成分）上，依次类推。主成分分析具有减少数据集的维数，同时保持数据集对方差贡献最大的特征。这是通过保留低阶主成分，忽略高阶主成分做到的。这样低阶成分往往能够保留住数据的最重要方面，它是一种简化数据集的技术。

2.5.1 主成分分析的基本思想

我们必须考虑众多影响因素以达到全面、系统地分析问题的目的，在实证问题研究中，这些涉及的因素一般称为指标，或者称为变量。由于每个变量反映所研究问题的某些信息在不同程度上是不同的，并且指标之间有一定的相关性，因而统计数据反映的信息的结果在一定程度上是有重叠的。变量太多会增加计算量和增加分析问题的复杂性，在用统计方法研究多变量问题时，人们希望在进行定量分析的过程中，涉及的变量较少，得到的信息量较多。主成分分析正是适应并迎合了这一要求而成为数理统计的重要工具。

以科普效果的评估为例，比如，在对科普产品开发和利用这一要素的评估中，涉及科普作品发行量百万人、科普创作人数百万人、科普产业化（科普示范基地数百万人）等多项指标。在科普效果的评估过程中，科普效果是很难具体量化的。在实际评估工作中，综合指标的选取是个重点和难点。我们常常会采用打分的方法来进行评估，选用几个有代表性的综合指标。但是，由于存在着起支配作用的因素，评估所涉及的众多变量之间具有一定的相关性，根据这一点，这就必然要通过对原始变量相关矩阵内部结构的关系研究，找出影响科普效果某一要素的几个综合指标，使综合指标为原来变量的线性拟合。这样，综合指标彼此间不仅不相关，而且还保留了原始变量的主要信息，又比原始变量具有某些更优越的性质，就使我们容易在抓住主要矛盾时研究复杂的科普效果评估问题。经过主成分分析计算，变量数减少，最后确定一个或多个主成分作为综合评价科普产品利用和开发的综合指标，并达到一定的可信度，科普效果的评估就容易进行了。

由于这些基本关系很可能与特定的作用过程相联系，主成分分析使我们能从错综复杂的科普评估要素的众多指标中，找出一些主要成分，以便有效地利用大量统计数据，进行科普效果评估分析，使我们在研究科普效果评估问题中，可能得到一些深层次的启发，把科普效果评估研究引向深入。因此，上述想法可进一步概述为：设定某科普效果评估要素涉及几个指标，这指标构成的随机向量为维。对作正交变换，令其中为正交阵的各分量是不相关的，使得的各分量在某个评估要素中的作用容易解释，这就使得我们有可能从主分量中选择主要成分，削除对这一要素影响微弱的部分，通过对主分量的重点分析，达到对原始变量进行分析的目的。各分量是原始变量线性组合，不同的分量表示原始变量之间不同的影响关系。

2.5.2 主成分分析的基本原理

主成分分析法借助于一个正交变换，运用协方差阵变换成对角形阵（在代数上）或正交坐标系（在几何上），将其分量相关的原随机向量转化成其分量不相关的新随机向量，使之指向样本点散布最开的 P 个正交方向，然后对多维变量系统进行降维处理，使之能以一个较高的精度转换成低维变量系统，再通过构造适当的价值函数，进一步把低维系统转化成一维系统，这样就便于计算了。它是一种降维的统计方法。

2.5.3 主成分分析的主要作用

（1）主成分分析能降低所研究的数据空间的维数。即用研究 m 维的 Y 空间代替 P 维的 X 空间（$m<P$），而低维的 Y 空间代替高维的 X 空间所损失的信息很少。即：使只有一个主成分 Y_1（即 $m=1$）时，这个 Y_1 仍是使用全部

X 变量（P 个）得到的。例如要计算 Y_1 的均值也得使用全部 X 的均值。在所选的前 m 个主成分中，如果某个 X_i 的系数全部近似于零的话，就可以把这个 X_i 删除，这也是一种删除多余变量的方法。

（2）有时可通过因子负荷 a_{ij} 的结论，弄清 X 变量间的关系。

（3）多维数据的一种图形表示方法。我们知道多元统计研究的问题大都多于 3 个，而变量在维数大于 3 时便不能画出几何图形，要把研究的问题用图形表示出来是不可能的。然而，经过主成分分析后，我们可以选取前两个主成分或其中某两个主成分，根据主成分的得分，画出 n 个样品在二维平面上的分布情况，由图形可直观地看出各样品在主分量中的地位，进而还可以对样本进行分类处理，可以由图形发现远离大多数样本点的离群点。

（4）由主成分分析法构造回归模型。即把各主成分作为新自变量代替原来自变量 X 做回归分析。

（5）用主成分分析筛选回归变量。为了使模型本身易于做结构分析、控制和预报，好从原始变量所构成的子集合中选择最佳变量，构成最佳变量集合。用主成分分析筛选变量，可以用较少的计算量来选择量，获得选择最佳变量子集合的效果。

2.5.4 主成分分析的计算步骤

（1）原始指标数据标准化采集。

选取 P 维随机向量 $X = (X_1, X_2, \cdots, X_p)^T$ 中 n 个样品 $x_i = (x_{i1}, x_{i2}, \cdots, x_{ip})^T (i=1,2,\cdots,n)$，$n > p$，构造样本阵，对样本阵元进行如下标准化变换：

$$Z_{ij} = \frac{x_{ij} - \bar{x}_j}{s_j} \quad (i=1, 2, \cdots, n;\ j=1, 2, \cdots, p) \tag{2-8}$$

其中，$\bar{x}_j = \frac{\sum_{i=1}^{n} x_{ij}}{n}$，$S_j^2 = \frac{\sum_{i=1}^{n} (x_{ij} - \bar{x}_j)^2}{n-1}$，得标准化阵 Z。

（2）对标准化阵 Z 求相关系数矩阵 。

$$R = [r_{ij}]_p xp = \frac{Z^T Z}{n-1} \tag{2-9}$$

其中，$r_{ij} = \frac{\sum z_{kj} \cdot z_{kj}}{n-1} (i,j = 1,2,\cdots p)$。

（3）解样本相关矩阵 R 特征方程 $|R - \lambda I_p| = 0$ 得 p 个特征根，确定主

成分。

按 $\dfrac{\sum_{j=1}^{m}\lambda_j}{\sum_{j=1}^{p}\lambda_j} \geqslant 0.85$ 确定 m 值，使信息的利用率达85%以上，对每个 λ_j（$j = 1, 2, \cdots, m$），解方程组 $Rb = \lambda_j b$ 得单位特征向量 b_j^o。

（4）将标准化后的指标变量转换为主成分。

$$U_{ij} = z_i^T b_j^o \quad (j = 1, 2, \cdots, m) \tag{2-10}$$

U_1 称为第一主成分，U_2称为第二主成分，…，U_p称为第 p 主成分。

（5）对 m 个主成分进行综合评价。

对 m 个主成分进行加权求和，即得最终评价值，权数为每个主成分的方差贡献率。

第3章　四川贫困地区经济状况现状分析

3.1　四川贫困地区状况及扶贫工作取得的成绩

3.1.1　贫困地区状况分析

从2001年到2010年，我省有扶贫开发任务的县共160个，其中，68个为国定、省定贫困县，占全省总数的三分之一以上。除尚未解决温饱的绝对贫困人口308.2万人外，据第一次全省经济普查，全省有低收入贫困人口733.4万人。以重点扶贫县的发展为例，近年重点扶贫县贫困乡村村委会的个数、贫困村人口、尚未解决饮水困难人数以及尚未解决饮水困难牲畜头数都有所减少，但是，整个扶贫工作任务仍十分艰巨，重点扶贫县基本情况见表3-1。

表3-1　　四川重点扶贫县2005—2007年基本情况变化统计表

项目 年份	年末乡村人口(人)	村委会个数(个)	贫困村个数(个)	贫困村人口(人)	当年尚未解决饮水困难人数(人)	当年尚未解决饮水困难牲畜头数(头)
2005	13 215 413	11 937	3694	2 967 878	1 687 743	3 425 975
2006	13 291 775	11 818	3674	3 061 004	1 650 572	3 087 782
2007	13 387 064	11 824	3677	3 379 994	1 626 378	2 974 457

（此数据来自于：四川省统计局2006—2008年统计年鉴：扶贫重点县基本情况）

四川省贫困地区能否实现经济跨越式发展，已成为制约四川建设经济发展高地目标的重要因素。四川贫困地区一般区位条件较差，要素市场发育滞后；产业结构一般是农业、种植业占主导地位，工业是初级的资源开发性工业；工业化进程滞后，地方财力薄弱，基础设施投入不足；科技水平低，科技人才匮乏；资金短缺，资金积累能力差；低价供应原料、能源和矿产品，高价购进加工业产品和消费品，始终处于不等价交换的境地。四川贫困地区经济发展受到极大的制约和影响。

3.1.2 贫困地区扶贫工作及取得的成绩

2006 年《四川省政府工作报告》指出，要加大扶贫开发力度，推进整村扶贫，新解决 15 万绝对贫困人口的温饱问题，改善 50 万农村低收入贫困人口生产生活条件。在教育方面，对贫困家庭学生提供免费教科书和补助寄宿生活费。各地区、各部门已经采取得力措施加强领导、落实扶贫责任、加大对扶贫效果的考核，贫困地区的面貌将会逐步改变。近年来，四川省委、省政府十分关心和重视贫困地区脱贫的问题，先后实施了新村扶贫、移民扶贫、教育扶贫、卫生扶贫和牧区扶贫政策，各地也加大了扶贫帮困力度，编制万村扶贫规划，深入推进“五大扶贫工程”。特别是针对特殊类型区的特点，创造性地开展了广安水淹区扶贫开发、通江县和广安区等连片扶贫开发、综合防治大骨节病试点、汶川地震灾后贫困村恢复重建等的扶贫开发。

从 2001 年至今，四川省委、省政府制定并开始实施《四川省农村扶贫开发规划（2001—2010 年）》。八年多时间里，各级财政、各行各业、扶贫社团、社会各界等，投入到贫困地区的各类扶贫资金达 1003 亿多元，其中，中央、省、市、县财政性专项扶贫资金达 145.4 亿多元。八年多来，一个集专项扶贫、行业扶贫、惠农政策扶贫和社会各界扶贫等多方力量、多种举措有机结合、互为支撑的“大扶贫”格局已经形成，农村扶贫开发取得了辉煌的成就，10 年“规划”确定的目标有望如期实现。

（1）多方面、多渠道开展扶贫资金筹措工作，保证扶贫工作目标的基本实现。

从某种意义上讲，四川贫困地区集中在革命老区和甘孜、阿坝、凉山等民族聚居的地区。这些地区经济发展薄弱，财政资金积累不足，产业发展单一。因此，扶贫的重点在于从资金积累上给予援助，加强基础设施建设，增强其造血功能，逐步实现产业多元化，增大产业的规模，提高产业发展效益，形成良性循环。近 3 年来具体扶贫资金来源及数量情况见表 3－2。

表 3－2　四川重点扶贫县 2005—2007 年资金来源情况统计表　　单位：万元

	合计	中央扶贫贴息贷款累计发放额	中央财政扶贫资金	以工代赈	中央专项退耕还林还草工程补助	省级财政安排的扶贫资金	利用外资（实际投资额）	其他资金
2005	148 176	37 801	9357	37 403	40 979	2407	1155	19 074
2006	126 011	15 857	12 403	29 634	32 632	1317	858	33 310
2007	157 865	43 884	20 441	17 439	27 679	1355	6260	40 807

（此数据来自于：四川省统计局 2006—2008 年统计年鉴——资金来源扶贫投资）

从表 3－2 可以看出，四川贫困地区资金扶贫总体上呈上升趋势，中央资金及社会资助资金占了极大的比例。

（2）围绕关系贫困地区生存发展的产业和基础设施建设，提高扶贫的效率，加快贫困地区经济发展良性循环的步伐。

从近年扶贫的工作开展的总体来看，四川扶贫资金的重心仍然在两方面：一是关系贫困地区人口生存的种植业、养殖业、卫生设施和基本农田设施建设，这是贫困地区经济发展脱贫的基础，资金投入占了极大比例；二是在关系贫困地区与外界联系、沟通、运输等经济发展的基础设施和影响经济可持续发展的教育投资上，这些包括道路修建及改扩建、电力设施、技术培训、技术推广、资助儿童入学、扫盲等。这些投入取得了极大成效。重点扶贫县具体投入情况见表 3－3。

表 3－3　四川重点扶贫县 2005—2007 年扶贫资金投向情况统计表

单位：万元

	合计	种植业	林业	养殖业	农产品加工	其他生产行业	基本农田建设	人畜饮水工程
2005	148 176	8488	39 934	7236	2600	4247	4670	8292
2006	126 011	6468	31 529	6182	1951	268	4465	6731
2007	157 865	22 012	27 342	16 245	1074	340	1946	7267
	道路修建及改扩建	电力设施	电视接收设施	学校及设备	卫生室及设施	技术培训、技术推广	资助儿童入学、扫盲	其他
2005	32 333	12 292	166	696	2816	1415	1904	21 086
2006	26 258	6519	140	350	1169	1448	1367	31 166
2007	20 350	16 981	122	424	3346	839	1476	38 101

（此数据来自于：四川省统计局 2006—2008 年统计年鉴：资金投向扶贫投资）

（3）扶贫成果丰富，扶贫成效显著，贫困地区经济取得极大发展。

2005—2007 年，在四川扶贫资金得到充分利用的基础上，贫困地区扶贫成果取得极大的进步。无论是在项目增加的个数、解决贫困人口的人数，还是基础设施建设的面积或里程等方面，都在整体上呈现出上升的趋势。具体情况见表 3-4。

2008 年以来，全省共实施扶贫新村 1851 个，产业扶贫覆盖贫困村农户 77 万户，建设村道 1328.79 公里，新修沼气池 6.86 万口，劳务扶贫培训 11.33 万人，同时，动员组织社会各界参与扶贫开发，引进项目 596 个。开展培训 32 509 人次①。中央、国家机关单位充分发挥定点扶贫龙头带动作用，在引进资金、引进项目、劳务输出、开展培训、下派干部等方面做了大量实实在在卓有成效的工作，赢得了贫困地区群众的广泛赞誉，并有力地推动了我省社会扶贫的深入开展。重点扶贫县扶贫成果情况见表 3-4。

表 3-4　四川省重点扶贫县 2005—2007 年扶贫成果情况统计表

	实施了扶贫项目的村数（个）	项目覆盖的农户数量（户）	项目扶持人口数（人）	项目吸收劳动力（人）	得到扶贫贷款的农户数（户）	新增基本农田（公顷）	新增及改扩建公路里程（公里）	新增经济林面积（公顷）
2005	1296	359 256	1 300 062	430 633	25 748	6388	8344	31 010
2006	1327	190 492	790 860	320 689	29 741	13 634	6940	75 645
2007	2869	438 077	1 649 356	385 756	82 681	8517	3950	18 152
	新增草场面积（公顷）	新增教育、卫生用房面积（公顷）	解决饮水困难人数（人）	解决饮水困难牲畜头数（头）	退耕还林还草面积（公顷）	组织培训参加人次（人）	向其他地区输出劳动力人数（人）	向外省输出劳动力人数
2005	56 323	96 564	514 647	811 874	17 842	738 526	2 925 759	2 020 276
2006	46 006	165 850	202 275	359 135	7 098	618 793	3 102 268	2 188 782
2007	14 863	149 061	290 261	433 839	2922	519 891	3 230 393	2 161 909

（此数据来自于：四川省统计局 2006—2008 年统计年鉴：扶贫重点县扶贫成果统计）

3.1.3　贫困地区经济发展面临的问题

四川位于中国西南部，地理条件复杂，地区差异大。近年来，虽然省委省政府采取了一系列促进和加快贫困地区经济发展的措施，加大了对贫困地区经

① 四川省扶贫办．四川省扶贫办在蓉召开中央、国家机关定点扶贫工作座谈会会议交流资料，2009，8.

济发展的开发力度和扶贫的力度，也起到了很好的效果，但是贫困地区经济的发展仍然存在一些问题与不足。根据2005年四川第一次经济普查对贫困地区乡镇经济掌握的情况，四川贫困地区经济发展面临着以下问题：

（1）贫困地区财政入不敷出，财政赤字大幅度增加。

2005年年末，全省1475个贫困乡镇一般预算收入28亿元，比上年下降30.8%；财政支出27亿元，增长12.3%；收不抵支，财政捉襟见肘，运转困难，预算滚存结余赤字3.3亿元，比上年增长71.6%。

（2）贫困地区债务余额巨大，不良债务继续上升。

2005年全省贫困乡镇债务余额高达40多亿元，平均每个乡镇负债271.19万元，相当于一般预算收入的14倍，而且比上年继续增加1.2亿元，增长3%。除交通、学校建设、政府修建、乡镇企业投入外，其他说不清楚的债务高达19亿多元，占全部乡镇债务的48%。

（3）固定资产投资减少，与非贫困乡镇形成巨大反差。

2005年年末，全省贫困乡镇固定资产投资110亿元，比上年减少43.7亿元，锐减28.4%。同一时期，全省非贫困乡镇固定资产投资1193亿元，比上年增加481亿元，增长幅度高达54%。如按乡镇数平均计算每一非贫困乡镇固定资产投资3694.6万元，是贫困乡镇固定资产投资额748.8万元的4.9倍。

（4）贫困乡镇农业科技发展滞后。

2005年年末，全省贫困乡镇农业科技与服务单位3095个，比上年减少167个，下降5.1%；农业技术人员6929人，比上年减少130人，下降1.8%。平均每一贫困乡镇拥有农业技术人员4.7人，比非贫困乡镇拥有农业技术人员9.4人少一半。

（5）贫困乡镇从业人员相对较少，从业人员结构落后。

2005年年末，贫困乡镇从业人员768.89万人，占总人口的49.1%，比非贫困乡镇的51.7%低2.6个百分点，其就业面不足。从业人员结构相对落后，2005年贫困乡镇三次产业的从业人员结构是66.9∶12.5∶20.6，非贫困乡镇三次产业的从业人员结构为53.2∶18.6∶28.2，贫困乡镇从业人员中第一产业比重高于非贫困乡镇13.7个百分点，第二产业从业人员低于6.1个百分点，第三产业从业人员低于7.6个百分点。

（6）社会事业发展滞后于经济发展。

2005年年末，贫困乡镇学校比上年减少254个，下降2.8%，其中小学减少275个，下降3.4%；学生人数减少3万人，下降1.3%。幼儿园、托儿所减少48个，下降1.4%；图书馆、文化站减少19个，下降2.6%；贫困乡镇财政对科学事业费支出减少28.8%，教育事业费支出减少3.4%，社会保障经费不足，公共财政覆盖范围面窄，对教育、科技、卫生、文化、社会保障、环境保护等公共事业投入受到很大限制，医院看病贵，学校收费高，社会事业滞后于经济发展。

3.2 影响和制约四川贫困地区经济发展因素分析

3.2.1 贫困人口分布与特征

四川贫困人口大都分布于农村，而四川农村绝对贫困人口主要分布在自然环境恶劣的山区、少数民族地区与革命老区。目前，除川西、川西南的“三州”外，四川贫困人口分布还有川北秦巴山区和川南乌蒙山区，形成“三大贫困片区”，国定贫困县中的19个县位于民族地区，13个县位于革命老区，4个县同时位于民族地区和革命老区。在这些地区中，民族地区贫困程度最深。根据四川省扶贫办测算，民族地区的贫困调查指数、深度指数、强度指数分别比全省高15、4.8和1.1个百分点。四川主要民族地区是“三州”，即甘孜、阿坝、凉山州，其中甘孜州的贫困程度最高。该州2005年农民人均纯收入只有1309元，绝对贫困人口有38.2万，贫困发生率48.9%，一些贫困县农民人均年纯收入不足千元，人均占有粮食只有200多公斤。①

从总体上来看，贫困人口聚居的地区自然条件极差，地域偏远、交通不便、信息闭塞、基础设施建设滞后，缺乏基本生存条件，全社会的教育、文化、社会意识落后，导致整体经济欠发达，脱贫的压力和难度很大。甚至于部分地区由于自然环境极其恶劣，只有整体移民搬迁才能脱贫，目前列入计划的就有近80万人口，任务十分艰巨。但是，从自然资源的分布来看，这些地区又是四川自然资源相对集中的地区，自然资源的开发具有极大的潜力，除集体移民脱贫途径外，积极创造条件、加快这些区域自然资源与能源的开发，已逐渐成为脱贫的新途径。

---

① http://bbs.scol.com.cn/thread-455302-1-1.html. 四川贫困人口分布在哪些市州？你所在的地市知多少？2008，11，22.

3.2.2 制约贫困地区经济发展的区域特征

（1）贫困地区区域结构特征。

截至2005年，四川省生存环境恶劣贫困村14 172个，低收入贫困人口共460万人，绝对贫困人口共197.6万人，饮水困难人数1000万人，需易地扶贫搬迁人数95万人，5781万亩（1亩=0.067公顷，下同）中低产田土、贫困地区115 145万亩草场严重退化、沙化和鼠化，59个乡与7985个村不通公路，28 800个村不通电话，2340个村不通电。贫困人口中成人文盲、半文盲率为14.15%，每千人拥有医生1.24个。[①] 四川农村贫困地区和人口分布极广，地域几乎涵盖全省，主要集中分布于川西北高寒藏羌区（甘孜州、阿坝州）、川北秦巴山区（绵阳市、广元市、巴中市、达州市、南充市、广安市）、攀西老凉山地区（凉山州、攀枝花市、乐山市）、川南乌蒙山区（宜宾市、泸州市）和川中丘陵区纳入“十年扶贫规划”的重点贫困村，贫困地区人口呈现“小集中，大分散”的特点。

（2）贫困地区区域经济特征。

四川贫困地区生产方式落后，第一产业比重过高，农业生产以低层次平面垦殖方式为主要特征，即低素质的生产经营者凭借传统简单的农耕技术和经营方式，呈现产业结构很不合理的现状。四川贫困地区耕作粗放，刀耕火种生产方式在某些少数民族贫困地区中仍然比较普遍，直观表现为以锄头、犁耙和畜力为主的生产技术手段同自然界进行简单的能力交换过程，生产技术长期落后，生产力的增长主要以人口数量的增加和体力劳动为主。其主要表现在：

①传统农业占据主导，产业结构单一。四川贫困地区农业以种植业和养殖业为主体，种植业又以粮食生产为主体，农业产值和就业人数分别占了生产总值和就业总人数的一半以上，农业在县域中占有特殊的重要地位，仍然是县域主要的就业渠道和收入来源。第二、第三产业和第一产业中的其他产业发展滞后，大量农村富余劳动力不能转移。②商品化程度低，缺乏市场竞争力，经济呈封闭的自给半自给状态。产业结构不合理，商品经济发育程度低，农产品多、工业产品少是制约贫困地区经济发展的重要因素之一；没有把资源优势转化为商品优势，技术含量高的产品少，技术含量低的产品多，缺乏市场竞争力，缺乏吸引外资、引进先进技术、开拓市场的竞争意识和能力，其经济发展处于以内向为主的低层次。③资本良性循环造血功能严重不足。贫困地区经济

① 严江．四川贫困地区基本特征及扶贫思路［J］．农村经济，2005（12）．

基础薄弱，乡镇企业落后，集体积累空虚，财政入不敷出；农业扩大再生产难，农户拥有的可用资本少，缺少自我发展和自我改造的能力，决定了长期滞留在贫困的尴尬境地在贫困地区农民身上得到集中体现。一方面，长期赤字的贫困地区财政收入造成公共投入严重不足，改善公共基础设施和公共社会服务成为一句空话，并形成恶性循环。另一方面，家庭收入来源单一。贫困地区商品经济由于受收入水平和积累能力的影响，集体经济的组织能力弱化，公共积累也难以提取，有效的社会服务体系不能建立起来，集体经济、私营经济和个体经济等非国有经济以及乡镇企业的发展处于十分落后的地步，不能对县域经济的发展给予应有的推动作用。④经济功能不完善，构成要素发育程度低下。对于贫困地区来说，一个相对独立的系统能保持正常运行与发展而必须具有的吸纳功能、增生功能和优化功能难以完善，或者说是不健全的。贫困地区一般偏离经济中心，信息不灵，水利、电力、交通、通讯等基础设施落后，从而在经济地理上拉开了与经济中心的距离，导致贫困地区经济发展功能的弱化。随着市场机制的利益导向，国民经济资源配置机制的转换，尤其是经济发展过程中回流效应的冲击更为强烈，贫困地区的资金、人才等生产要素将向能够获得较高回报的经济发达地区流动，而且这种流动速度日益加快，经济社会的发展将面临着更加严峻的挑战。

（3）贫困地区区域自然特征。

四川贫困地区自然地理条件恶劣，生态环境脆弱，气候复杂，自然灾害频繁，大都位于石山区、深山区和高原区，这些地区地形地貌复杂。这具体表现为几个方面：

①自然灾害频繁，生态环境脆弱甚至恶劣。四川贫困地区介于两种或两种以上具有明显差异的生态环境的过渡带和交错带，大多数处于生态敏感地带。其最典型的特征是对环境因子变动的敏感性强，因其环境或景观的变化，会导致土地生产力的明显下降乃至消失。许多贫困地区降雨量小，且又主要集中在夏季，旱灾情况非常严重；或因喀斯特地形致使地表水渗透严重，地表水源不能利用。有些贫困区日照稀少，高寒阴冷，有效积温严重不足，无霜期短，不适合农业的耕作。还有一些地区灾害频繁，山高坡陡，水土流失严重。加上过度开垦、毁林开荒，植被被破坏，地下水、蓄水、河水水位逐年下降，严重的水土流失使土层瘠薄，生产能力下降，贫困地区的生态环境进一步恶化，形成贫困地区“愈穷愈垦，愈垦愈穷”的恶性循环。虽然近年来四川贫困地区生态环境保护和建设取得了显著成绩，但由于这些地区除了自然资源外缺少其他可以替代的资源，森林过度砍伐、土地过度开垦、草场过度畜牧的现象仍然存

在，粗放式的经济增长方式仍主宰着当地经济。②耕地资源少，地理环境恶劣。贫困人口居住的山区、高原及部分丘陵和高原地区，大多土地质级差，土地资源总量少，土层薄，土地贫瘠，土质差，不宜农耕，耕地质量不高，耕地多数以陡坡地为主，产出量低，近年来土地沙漠化和水土流失严重，致使土地的人均占有量低且成下降趋势，农村耕地面积逐年减少，人多地少的矛盾非常突出。现有的贫困地区土地资源中，水源充足、排灌设施齐全的优质耕地面积少，水资源在时间、地域和人口占有量上分布不平衡，环境污染、植被破坏、水土流失严重，增大了农业风险和贫困地区脱贫的难度。③ 拥有较丰富的自然资源，但开发利用程度低。四川大部分贫困地区能源资源、矿产资源、生物资源、旅游资源等都比较丰富，处于自然资源相对富集的地区，具有较大的开发潜力。但由于受资金、技术等因索的制约，目前大部分自然资源仍然被闲置，贫困地区的自然资源利用程度非常低，已经利用的自然资源则因掠夺式的开发而几尽耗竭，再生能力差。由于政策、资金、技术、文化等的限制，现在的生态建设效果不够理想，生态重建的压力依然沉重，没有形成社会、经济、生态的良性循环。

（4）贫困地区区域社会文化特征。

四川贫困地区不仅在地理和经济上有着非常典型的特征，在社会文化上所表现出的知识型贫困和精神型贫困等也引人深思。这主要表现在：

①人口增长过快，人口基数大。从现有的资料来看，四川贫困人口增长速度普遍高于全国平均水平。人均资源占有量受制于过大的人口基数，特别是人均收入低、人均占有耕地面积少的这一现实，过快的人口增长使得这一矛盾愈加突出，导致返贫率高，脱贫成效降低，形成“越穷越生、越生越穷”的恶性循环，成为贫困地区人民生活水平难以提高、经济状况难以改变的重要原因。②农民文化素质差，科技水平低。贫困人口大多居住分散、偏僻，加之贫困户生活困难，无力支持子女上学，适龄儿童失、辍学率高，农户文盲、半文盲比重大，科技、文化水平低。由于教育水平落后，人才数量少，而且质量低，现有的人才严重流失，从外部引进人才又十分艰难，并且也远未形成引进机制。敢闯市场，真正懂经营、会管理，大公无私，具有组织号召力的农村经济带头人更是十分缺乏，导致农业科技推广进程十分缓慢。③医疗卫生条件十分落后，地方病人口比例高。由于基本生存条件恶化，无法保证正常的营养供给，贫困地区群众的身体素质不断下降，加上一些地区近亲结婚和水土条件造成的地方病，贫困地区人口的身体健康受到严重损害。这不但导致农户难以脱贫、重新返贫，而且造成贫困人口智力低下。加上基本医疗卫生服务非常有

限、设施陈旧、药品匮乏、医疗机构缺乏、医务人员素质低，贫困农民负担不起医疗费用，看病、就医、用药十分困难，病高发现象在贫困地区十分突出。④观念陈旧落后，文明进步速度缓慢。四川贫困地区由于经济文化不发达、活动范围狭小、环境封闭、人口极少流动，与外界隔绝的社会文化机制使科学文化和现代经济信息的传播受到制约，人的生产方式和生活方式变化缓慢。由此决定了贫困地区人民需求层次较低，文明、健康向上的精神文化生活在贫困地区显得十分匮乏，社会发育程度较低。与此相应，贫困地区农民受传统观念的束缚较大，思想观念愚昧落后，不自觉地形成一种自我封闭意识，迷信意识、家族宗教观念盛行，他们既抵制商品经济，缺乏市场与竞争意识，抵制经济文化交流，又表现出悲观无奈、消极坐等的厌世思想以及“小富即安”的自满自足心理。

3.3 四川贫困地区经济发展重要指标——财政收入比较分析

进入21世纪以后，特别是近三年来，我国财政收入不断大幅度增长，国家财政收入不断跃上新台阶：以2003年到2005年为例，2003年财政收入达到21 715亿元，突破2万亿元；2004年达到26 396亿元，突破2.5万亿元；2005年前11个月，全国财政收入达到28 941.9亿元，全年财政收入2005年已突破3万亿元。5年时间，全国财政收入从1万亿元到2万亿元，从2万亿元到3万亿元仅用了2年时间。这表明我国财政发展的步伐不断加快，财政收入增长的稳定性进一步增强。

与东部其他地区相比较，以上海为例，四川省2005年全省地方财政一般预算收入385.8亿元，而全川人口8724.6万人，总体增长了14.6%，但人均不足500元，不到上海地区2003年人均财政收入的10%。再以贵州省和上海市为例，2005年贵州省财政收入为124.6亿元，上海地区财政收入为886.2亿元，贵州省人均5179元，只有上海的6.3%。西部贫困地区财政收入增长缓慢，与东部发达地区财政收入差距在不断扩大。同时也体现了经济发展水平对财政收入状况的决定作用。①

① http://www.chinaacc.com/new/287/291/323/2007/3/sh7623142231141370021152-0.htm. 制约西部贫困地区财政收入增长的主要原因及对策研究. 2008-11-30.

不仅如此，西部贫困地区区域发展呈现出内部发展不平衡的状况。2005年，四川县均地方财政收入1.1亿元，21个百万人口大县地方财政一般预算收入23.4亿元，仅占全省的7%，与全省最高的绵阳市涪城区11%相比较，人均地方财政收入位次靠后的大竹县人均只有120元，比全省低276元，居180个县的第88位。最为典型的是四川省甘孜藏族自治州，该州的面积有15万多平方公里，人口却只相当于山东省的一个县，而财政收入仅相当于一个乡。

四川贫困地区东西差距与内部差距财政收入不足已经成为急待解决的问题。究其原因主要是：观念落后，对外开放滞后；工业化水平低；投资严重不足；人口素质低，科技力量薄弱。加强对贫困地区区域优势的研究，加大能源开发的力度，以能源开发为龙头，积极推进服务业等相关产业的发展，推进工业化进程，成为四川贫困地区脱贫工作的重要思路。

3.4　能源开发将成为四川脱贫工作关注的重点

3.4.1　国民经济和社会发展总体目标

根据《四川省十一五及2020年能源发展规划》，未来15年我省经济社会发展的总体目标是：到2020年力争全省人均生产总值达到3000美元，赶上当年全国平均水平，使全省经济更加发展，民主更加健全，科教更加进步，文化更加繁荣，社会更加和谐，人民生活更加殷实。“十一五”期间的主要目标包括：经济快速健康发展，全省生产总值年均增长9%左右，2010年超过12 000亿元（实际年均增长10.2%）；工业化水平进一步提高，二产业增加值比重达到44.5%（其中工业增加值比重达到39.0%，服务业增加值比重达到40.0%）；城镇化进程明显加快，城镇化率达到38%以上；可持续发展能力增强，单位生产总值能源消耗比“十五”期末降低20%左右。

四川省未来国民经济和社会发展的整体目标是加快经济的发展，其中工业增加值和服务业增加值将成为国民经济和社会发展的主要增加点。与此同时，在国民经济和社会发展大幅度增加的同时，能源消耗和污染也将成为工业生产的主要控制点，这是以低能耗、低污染、低排放为基础的低碳经济模式的客观需求，能源高效利用、清洁能源开发、追求绿色GDP将成为衡量经济发展成果的主要关注点。

3.4.2 能源发展总体目标

能源建设的总体目标是：2010 年能源供应总量基本满足国民经济和社会发展需求，能源结构调整和优化取得明显进展，能源市场和能源建设规范有序，能源效率和效益进一步提高，单位 GDP 能源消耗比“十五”期末降低 20% 左右；在 2020 年前后建成全国优质清洁能源（水电、天然气）生产基地，形成以优质清洁能源为主体，煤炭生产和燃烧清洁化，核电有效补充，新能源和可再生能源长足发展，油品消费充分保障，能源各行业协调发展、结构合理的符合可持续发展战略的新型能源工业体系。能源主要发展目标是：

（1）结构调整

到 2010 年，终端能源消费总量中煤炭比重由 2005 年的 66.31 % 下降到 60% 左右，水电比重由 8.29 % 增加到 10% 左右，天然气比重由 13.91% 增加到 20% 左右，成品油基本维持目前比重。2020 年，煤炭比重进一步下降到 55% 左右，水电比重达到 13% 左右，天然气比重达到 20 % 左右，成品油比重为基本维持目前比重。

（2）电力

①电源：“十一五”期间新增发电装机容量力争超过 2000 万千瓦（其中水电 1400 万千瓦，火电 600 万千瓦），同时将关停小火电机组约 200 万千瓦，实际净增发电装机容量约 1800 万千瓦（其中水电 1400 万千瓦，火电 400 万千瓦）。到 2010 年年底，全省发电装机容量突破 4000 万千瓦，力争达到 4100 万千瓦（其中水电 2900 万千瓦，火电 1200 万千瓦）。川电外送规模 600 万千瓦。2010 年全省用电量 1400 亿千瓦时，川电外送 288 亿千瓦时。到 2020 年底，全省发电装机容量是 2010 年两倍以上，力争达到 8600 万千瓦（其中水电 6600 万千瓦，火电 1800 万千瓦，核电 200 万千瓦）。川电外送能力达到 2400 万千瓦左右（不含金沙江界河电站外送容量）。②电网：“十一五”期间新增 220 千伏及以上输电线路 9227 公里，变电容量 4297 万千伏安。到 2010 年，全省 220 千伏及以上输电线路约 2 万公里，变电容量 6295 万千伏安。到 2020 年，建立南北两个特高压 1000 千伏交流输电大通道；500 千伏电网形成贯穿四川中部经济发达地区的结构紧密、南北互通的梯格形网架结构，满足可靠供电要求并能适应大中型电源的接入和送出，同时与周边电网密切联网，为实现水火互补和获取联网效益创造条件。

（3）煤炭

“十一五”期间，全省建设煤矿 26 对，设计生产能力 1389 万吨/年，总投资约66亿元；同时加快整顿改造小煤矿和煤炭资源整合，到2010年，全省煤炭产量达到9500万吨；原煤入洗率达到40%；煤炭资源回收率明显提高，薄煤层、中厚煤层、厚煤层的矿井采区回采率分别不低于85%、80%、75%；全省煤矿采煤机械化程度达到20%，掘进机械化程度达到25%；煤矿安全生产百万吨死亡率控制在3%以下，煤矿尘肺病发病率控制在1.0%以下；矿井水回收复用率达到30%，矿区土地复垦率达到30%，煤矸石与煤泥综合利用率达到50%；煤矿瓦斯抽采纯量达到1亿立方米/年，利用率达到75%。

到2020年，建立规范的煤炭资源开发秩序；形成以煤电、煤化、煤冶联营为主的多元化产业格局；煤矿安全基础条件较大改善，煤矿瓦斯得到有效治理；建立煤炭循环经济体系，矿区综合开发建设具备较大的生产规模和较强的生产能力，省内煤炭有效供给和产需实现基本平衡；全省煤炭产量达到1.1亿吨左右；原煤入洗率达到50%。

（4）天然气

“十一五”期间，新增探明储量3500亿立方米以上，新增产能300亿立方米/年以上，新建和改造各类管网2500公里以上。到2010年，探明储量达15 840亿立方米以上，产量达到340亿立方米/年（中石油180亿立方米/年，中石化160亿立方米/年），天然气利用规模190亿立方米。

2011—2020年，通过加强勘探和开发不断增储上产，进一步扩大天然气利用规模。到2020年天然气利用规模250亿立方米以上。

（5）新能源和可再生能源

到2010年，全省风能发电装机10万千瓦，太阳能发电厂40座，生物质发电5万千瓦。生物液体燃料生产能力20万吨/年（其中燃料乙醇10万吨/年，生物柴油10万吨/年）并进一步根据资源、市场情况逐步提高。农村户用沼气池达到500万户。到2020年，全省风能发电装机50万千瓦，太阳能发电厂100座，生物质能发电20万千瓦。生物质能生产能力100万吨/年（其中燃料乙醇700万吨/年，生物柴油30万吨/年）并进一步根据资源、市场情况逐步提高。新增农村户用沼气池200万户。

四川经济的发展离不开能源的大力支持，从四川能源发展的整体规划目标来看，在未来经济增长的过程中，能源效率和单位GDP能源消耗将成为评价经济增长的主要指标，高污染的煤炭在能源消耗中的比例将会有所下降，而低能耗、低污染、低排放的天然气、水电在工业发展中的消耗比例将有所上升，新能源和可再生能源将成为能源发展的重点。

第 4 章　四川天然气开发与经济贡献分析

4.1　四川天然气开发现状及远景

4.1.1　油气勘探现状

四川天然气的气区的形成具有悠久的历史。据历史记载，战国时期（公元前 3 ~ 1 世纪），李冰在四川兴修水利、钻凿盐井，在临邛（今邛崃）的盐井中发现了天然气。东汉时期（公元 1 ~ 2 世纪），四川盆地就有利用天然气熬盐的记载。三国时期（公元前 3 世纪），“临邛有火井，丞相往复之”，诸葛孔明曾亲往临邛观看过天然气井。清乾隆三十年（公元 1765 年），在四川自流井构造钻井老双盛井，井深达 530 米，日产气量约 160 立方米左右。1853 年，四川盆地天然气钻井深度打 1001.4 米，日产气 20 000 多立方米，持续开采超过 150 年①。

根据勘探发现史，从勘探的规模出发，我国将天然气的勘探可以分为了四个阶段：小规模生产阶段、大规模生产阶段、调整稳定发展阶段和持续快速稳定发展阶段。自 1999 年以来，新的资源勘探重点战略领域形成以盆地二、三叠系礁滩气藏和须家河组气藏的发现为开端，天然气勘探开发正式步入持续快速稳定发展阶段（见图 4 - 1）②。

① 邱晓华. 西南油气田天然气对国民经济评价贡献研究 [M]. 北京：中国统计出版社，2005.

② 周志斌. 川渝地区天然气勘探开发与市场协调发展的认识与建议. 2009（第四届）天然气市场发展论坛交流材料.

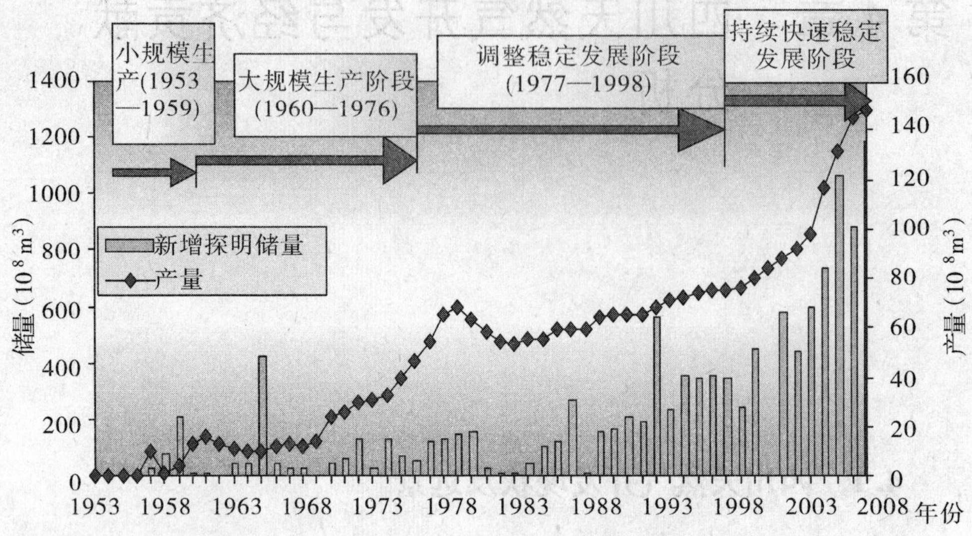

图4－1　川渝地区天然气开发阶段示意图

中国气田主要分布在川黔两省，约占整个中国天然气储量的70%。四川盆地是中国天然气的主要集中地，横跨四川和重庆两省市，是一个菱形构造盆地，范围介于北纬28°～32°40′，东经102° 30′～110°之间，西起广元—雅安，东达巫山，北起南江—旺苍，南至叙永。根据全国第二次油气资源评价结果，四川盆地天然气总资源储量71 851亿立方米，总可采资源量34 161亿立方米，总经济可采资源量28 421亿立方米，未发现地质资源量40 745.79亿立方米，剩余可采资源量32 187.73亿立方米。

截至2007年年底已探明储量16 106亿立方米，主要分布在川东北和川北、川西、川中。主要气田包括：达州普光气田、川东北高含硫气田、南充龙岗气田、广安气田、巴中通南巴气田、广元九龙山、元坝气田等。2008年，四川盆地生产天然气178.4亿立方米，约占全国总产量的四分之一。四川商品气用量104亿立方米，较2005年增长了25%，使用量和普及率居全国第一。截至2009年最新数据统计表明，川渝地区获气田112个，油田5个，天然气探明地质储量1.49万亿立方米，成为了我国首个以天然气生产为主的千万吨级大油气区和主要的天然气产销基地。其中，中石油和中石化建成了6个油气区，形成了一系列适应川渝地区天然气勘探开发的配套技术。预计到2012年，全盆地产量将达到548亿立方米，可供商品气量495亿立方米，较2008年增长319亿立方米。四川商品气用量将在2008年的基础上翻一番，超过200亿立方米。

川渝天然气气区分布具体情况见图 4－2①。

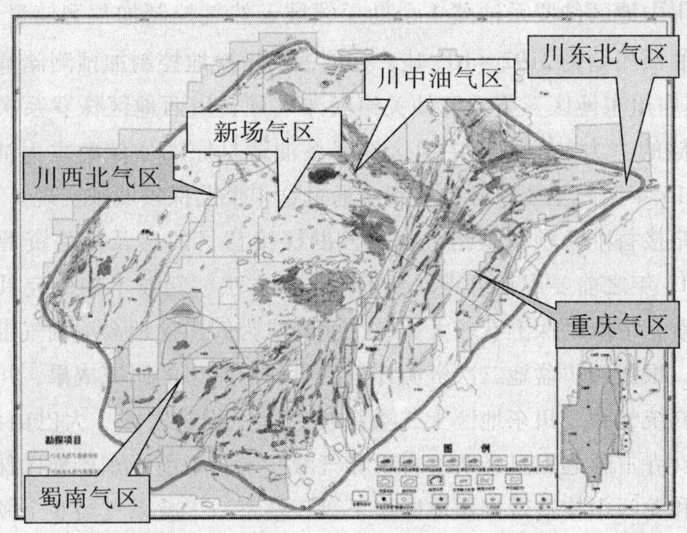

图 4－2 川渝天然气气区分布情况图

4.1.2 油气勘探远景

根据《西南油气田分公司“十五”油气勘探开发计划及 2015 年远景规划》② 要求，为满足未来十年间川渝地区和“川气东输”工程及省内外其他地区对天然气的需求，在“十一五”末天然气产量将达到 130 亿立方米的基础上，同时在十年间还需新增天然气探明地质储量 3000 亿立方米，可采储量 2000 亿立方米，以保证以后相当长时间内的稳产需要和新世纪这一具有战略意义目标的实现，这给勘探、开发上特别是勘探上提出了艰巨的任务。

（1）勘探发展战略

根据四川盆地现有控制、预测储量及圈闭资源量储备情况，“十五”及 2015 年期间油气勘探发展将从重点领域和战略接替准备领域两个层次来实施发展战略。

①战略重点领域是指完成储量任务指标的勘探领域，截至 2000 年年底，

① 周志斌．川渝地区天然气勘探开发与市场协调发展的认识与建议．2009（第四届）天然气市场发展论坛交流材料．

② 西南油气田分公司计划财务科，西南油气田分公司“十五”油气勘探开发计划及 2015 年远景规划．

川东地区三叠系飞仙关组鲕滩气藏、川东地区石炭系气藏、川西地区侏罗系次生气藏和川中地区侏罗系油藏4个勘探领域天然气控制加预测储量2654亿立方米，石油预测储量2192×10^4吨，分别占四川盆地控制加预测储量62.2%和100%，其中川东地区三叠系飞仙关组鲕滩气藏、川西地区侏罗系次生气藏是天然气增储的主力气藏，川中地区侏罗系油藏是原油增储的主力油藏。“十五”及2015年期间主要目标的实现应通过这4个勘探领域来实现。

②战略接替准备领域是指寻找油气勘探接替目的层及后备资源的勘探领域。到2015年之前要用新思维、新理论、新方法、新技术来研究其形成条件及控制因素，争取勘探上有较大突破，使其成为四川盆地今后油气勘探的重要接替领域。根据四川盆地二次资源评价成果和历年来的研究成果，川中—川西地区上三叠统气藏、川东地区上二叠统长兴组生物礁气藏、大巴山前缘西段、乐山—龙女寺古隆起震旦系及下古生界气藏、米仓山前缘东段地区侏罗系—三叠系气藏和龙门山构造带推覆体断层下盘三叠系—二叠系气藏5个领域估计天然气总资源量超过20 000亿立方米，具有形成大中型气田的地质条件。但就目前来看，除在震旦系获得1个威远大气田，在上三叠统获得平落坝、中坝和八角场3中型气田外，其余皆为一些小型气藏和裂缝系统气藏，勘探状况与之不甚匹配。除川中—川西地区上三叠统稍高达到17%外，其余皆小于10%，储量—资源转化率也很低。因此，到2015年以前应加大对四川盆地天然气的勘探力度。

（2）开发发展面临的环境

①经济发展阶段更替。2007年，全国国内生产总值达到246 619亿元，人均2460美元；全省地区生产总值首次超万亿元，人均达到1570美元，进入工业化的快速发展阶段。随着人民生活水平的提高和城镇化速度的加快，对清洁能源的需求也快速增长，四川天然气利用产业将面临新的发展机遇。

②区域竞争加剧。四川盆地天然气的利用在重庆直辖后发生了较大变化，形成了区域间对天然气终端的竞争机制。忠县—武汉天然气输气管线建成后，最终每年将有30亿立方米天然气输往湖北、湖南，从而引入了天然气新的竞争机制。中国石化正在建设的“川气东输”工程向苏、浙、沪等省市的年输送将最终达100亿立方米，区域间对天然气资源的竞争将进一步加剧。

③价格呈上涨趋势。天然气牵涉国民经济的各行各业，与老百姓生活息息相关。目前，其价格仍由国家直接管理，实行计划指导价格。作为一种紧缺资源，目前的价格未准确反映其价值及供求关系。随着我国工业化进程的加快，

对天然气的需求将进一步加大，天然气价格体制改革将进一步深化，国内天然气与油价将会保持一个合理的比价。同时随着俄罗斯的管输天然气和沿海地区LNG的引进，天然气价格将逐渐上涨。

④应用领域进一步拓展。天然气化工利用技术的进步、新产品的开发，拓宽了天然气化工产业的应用领域。同时，随着石油资源的减少，从长期看，国际油价将保持上涨趋势，为天然气利用产业提供了广阔的发展空间。

4.2 四川天然气工业发展现状及特点[1]

四川天然气工业的发展主要包括自身建设及天然气市场发展问题：

（1）四川天然气管网及用户分布状况

川渝地区生产的天然气主要销往川、渝、云、贵、湘、鄂等西南、华中地区六省市。在发展目标方面，预期的目标是2010年天然气产量190~200亿立方米，2013年上产到300亿立方米，2015年产量达到400亿立方米（见图4-3）。

（2）天然气市场现状

2008年统计数据表明，四川中石油和中石化两大公司为五省一市供气170.4亿方。截至2009年最新统计数据表明，四川中石油和中石化两大公司担负了向1000多家工业用户和1000多万户城市居民和45家化肥厂输气的重任，输气范围覆盖四川、重庆、云南、贵州、湖北、湖南等地（见图4-4）。

（3）地面配套系统现状

四川已形成了盆地环形输气干线与由五大区域性管网相连接，融采、集、净化、输、配气一体的较完善的地面配套系统（见图4-5）。

① 周志斌．川渝地区天然气勘探开发与市场协调发展的认识与建议．2009（第四届）天然气市场发展论坛交流材料．

四川盆地天然气管网及用户分布图

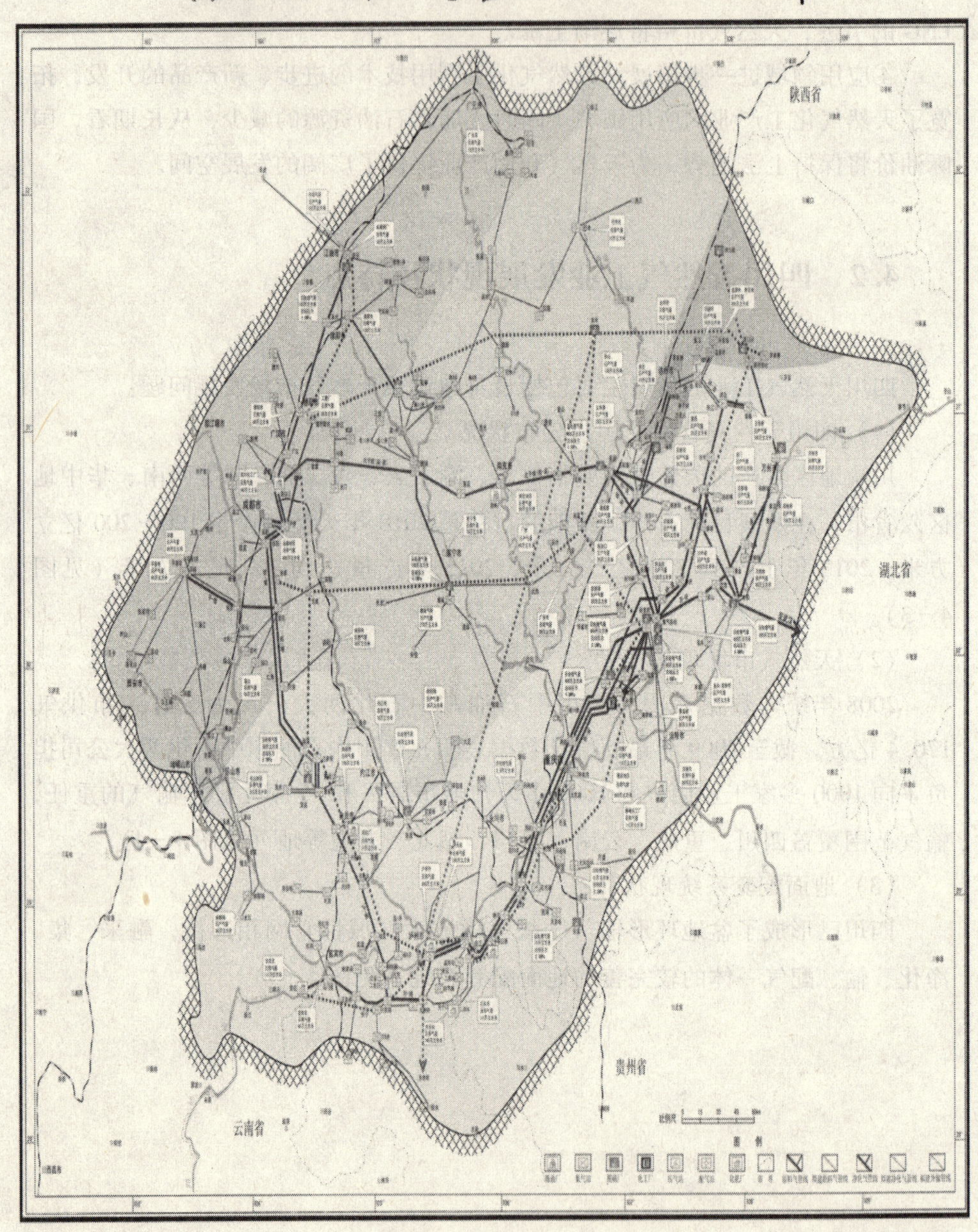

图 4－3　四川天然气管网及用户分布图

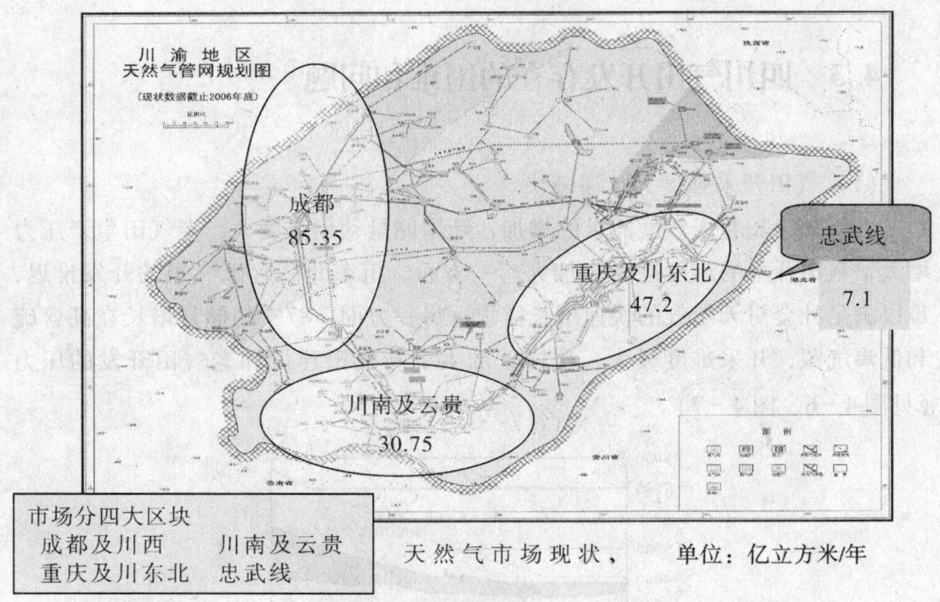

图4－4　川渝地区天然气消费市场图

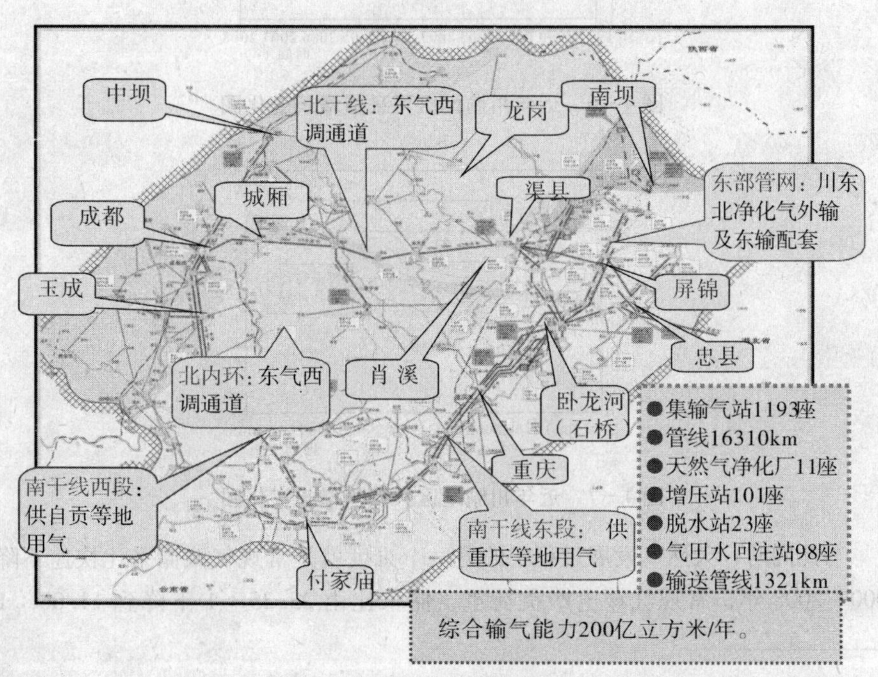

图4－5　川渝地区天然气地面配套系统现状图

4.3 四川气田开发存在的困难和问题①

(1) 气田开采强度大，递减快。

近年来，随着天然气需求的增加，新增储量动用难度大，老气田生产压力增大，气田开采的难度进一步加大。一方面，川东北高含硫气田的开发推迟，难以满足社会对天然气的快速增长需求；另一方面，87%的储量增长在高含硫和低渗气藏，开采难度极大，这样就加大了新气田建设和老气田开发的压力(见图4-6、图4-7)。

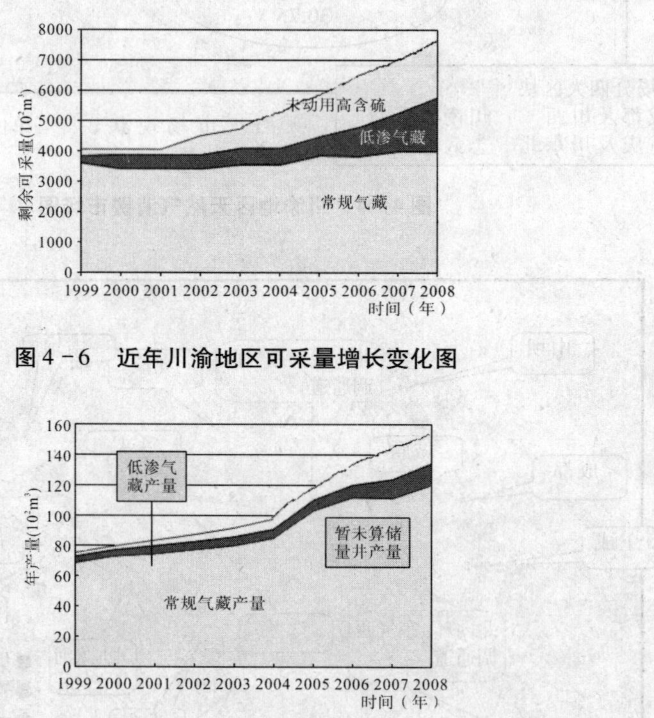

图4-6 近年川渝地区可采量增长变化图

图4-7 近年川渝地区天然气增长变化图

与此同时，天然气发展过程中的另一个难度就是常规气藏储采比快速下降。2000—2008年，常规气藏生产负荷重，储采比由23.25：1下降到11.06：1，

① 资料引自对西南油气田分公司相关企业与部门的调查和2009（第四届）天然气市场发展论坛交流材料.

而低渗气藏动用难度大，储采比保持在80：1左右（见图4-8）。

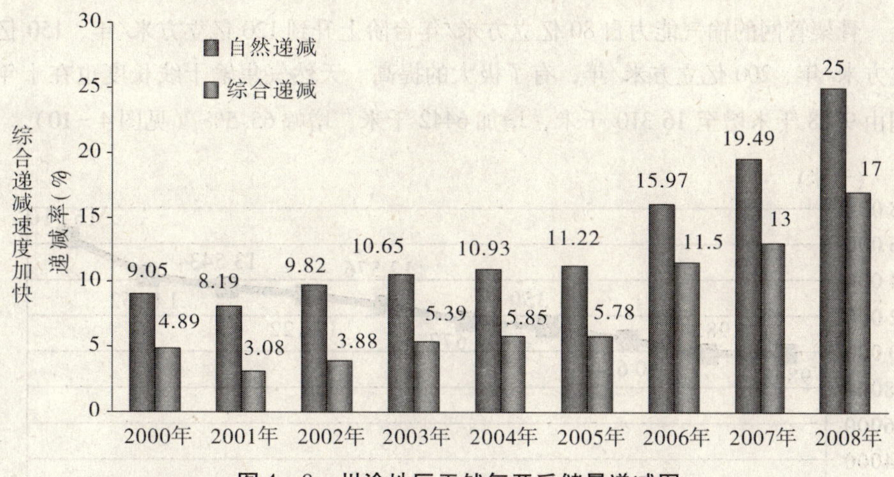

图4-8 川渝地区天然气开采储量递减图

（2）气田规模小、分布零散，气田建设工作量大，耗费巨资。这主要表现在钻前工程艰巨、耗资巨大；钻井工程投资大；集输管线长，场站多，地面建设投资大（见图4-9）。

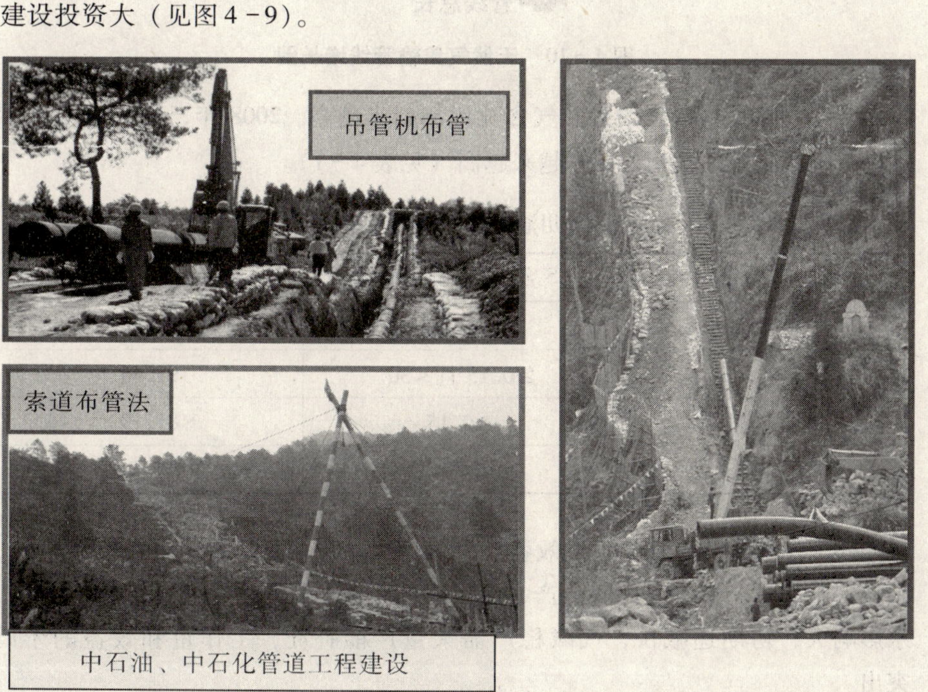

图4-9 山区地形机械化布管施工

据了解，两大公司积极开展管网改造和建设，在以年产天然气150亿立方米、200亿立方米、300亿立方米对输气管网进行适应分析、规划为标准的基础上。骨架管网的输气能力自80亿立方米/年台阶上升到120亿立方米/年、150亿立方米/年、200亿立方米/年，有了极大的提高。天然气集输干线长度也在十年间由9868千米增至16 310千米，增加6442千米，增幅65.5%（见图4-10）。

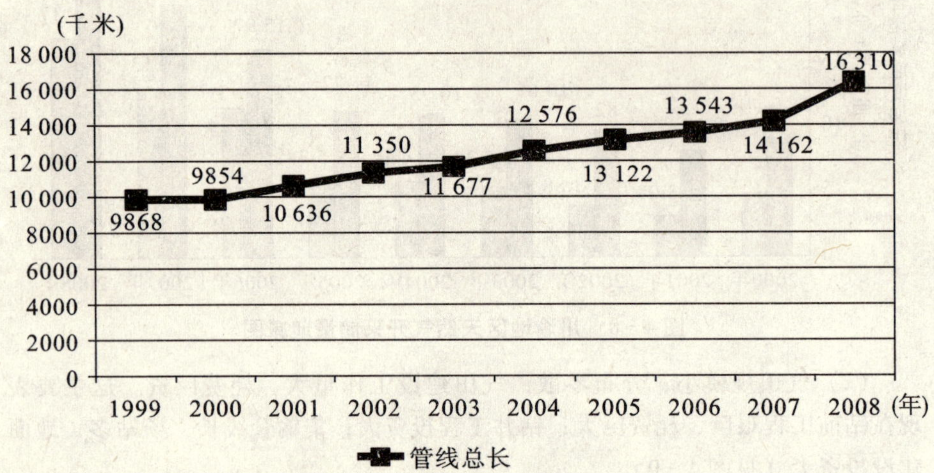

图4-10　天然气集输管线增长图

（3）川渝地区采出的天然气含硫比例越来越高。2008年，约55%的天然气进行了净化处理，处理成本越来越高（见表4-1）。

表4-1　　2008年川渝地区天然气气质构成表

分类构成	H_2S 含量（克/立方米）	年产构成（亿立方米）
高含硫	>30	5.65
中、低含硫	≥0.15且<30	91.46
不含硫	<0.15	81.19
合计		178.30

（4）三叠系低渗气藏规模效益开发难度大。川渝地区气藏产能变化较大，须家河组气藏能够实现快速上产，储层物性差、非均质性强、含水饱和度高，水影响大，初期递减快，气藏稳产需大量产能补充，工作量和效益的矛盾突出。

（5）气田普遍产水，排水采气工艺复杂，提高采收率难度大。气田产能的三分之一左右依赖于整体治水，气田出水影响加剧，治水保产任务重，难度大。据统计，截至2009年，已有106个气田出水，占已开发气田总数的95%，年产水量已上升至2008年的350万立方米。近10年工艺措施累计增产天然气80亿立方米，占期间总产量的6.6%，采气工艺措施工作量大（见图4-11）。

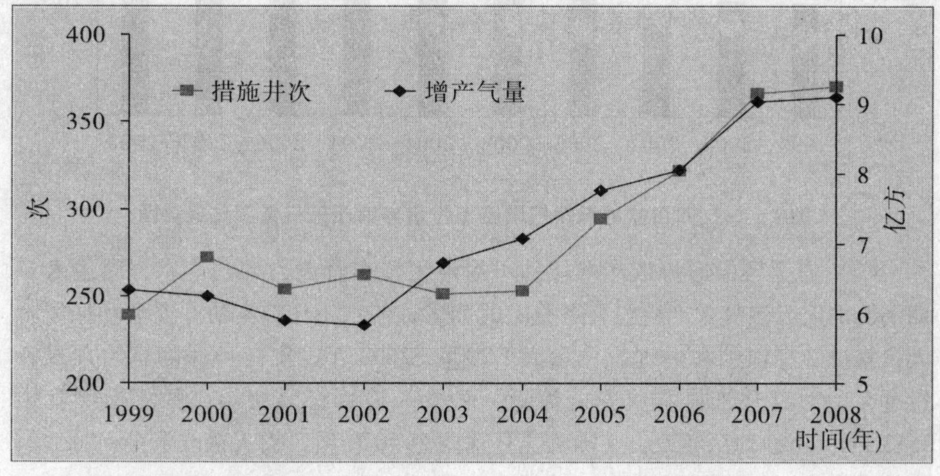

图4-11　措施井次与天然气增产量比较图

（6）已开发气田基本进入开采后期，增压工作量大。目前已有68个气田实施增压开采，占已开发气田总数的2/3；增压开采已广泛地应用于老气田上，天然气增压工作量大幅增长，2009年增压站比2000年增长了10倍；增压开采气田数和处理量快速增加，增压处理量达1200万立方米/天，占四川盆地日产气量的1/3（见图4-12、图4-13）。

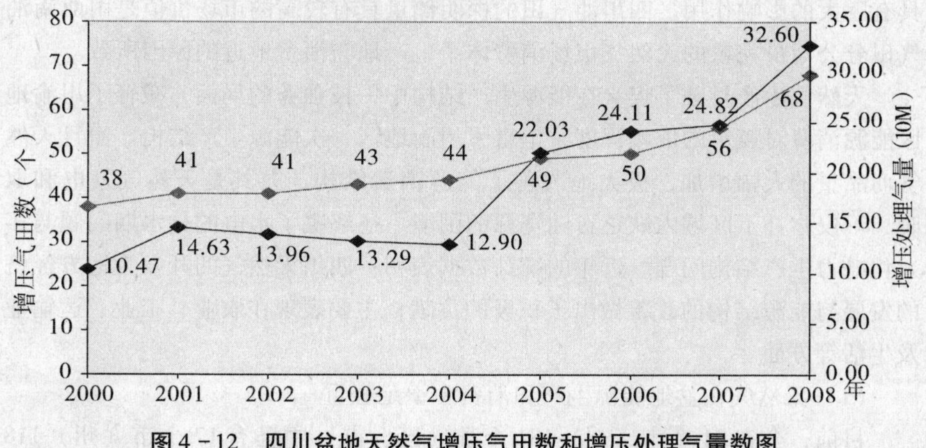

图4-12　四川盆地天然气增压气田数和增压处理气量数图

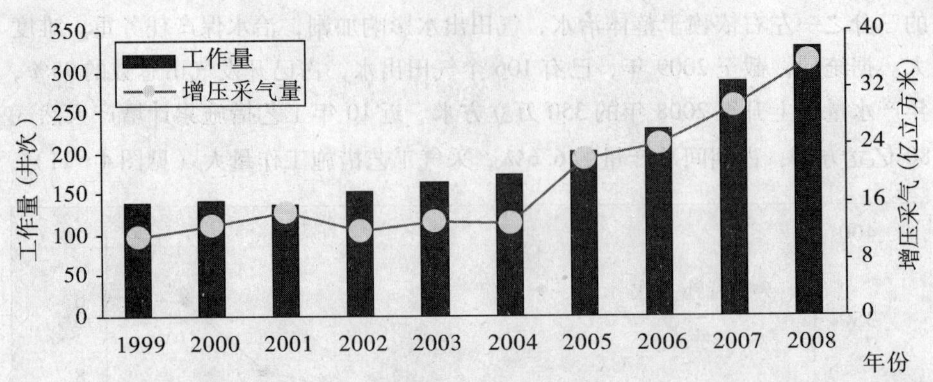

图4－13　四川盆地天然气增压工作量与增压采气量变化趋势图

（7）安全环保形势依然严峻。川渝地区气田普遍含硫、产水，周边人口稠密，加上天然气生产建设任务重、时间紧，各项工作节奏快，安全环保风险大，安全隐患识别和治理工作量大。2006—2008年，安全环保隐患治理投资量过大，为提升管道本质安全等级，已投入近百亿元资金，智能检测管道3513 km。川渝地区整改、消除安全环保隐患4079项，投入整改资金69亿元，但管道安全运行问题仍然很大。

4.4　四川天然气开发对地方经济贡献分析

众所周知，天然气储量的价值常由储量品位、与市场距离的远近和市场发达的程度来决定，而投入开发后，寿命周期内的净现值对天然气的储量价值也具有巨大的影响作用。四川油气田的探明储量具有较高的市场价值是由西南油气田分公司最完善的天然气市场消费体系，产地与消费地近的原因所致。

天然气生产打破了煤炭在能源生产结构中一枝独秀的局面，减轻了川渝地区能源消费对煤炭的依赖程度，丰富了川渝地区一次能源生产结构。而且天然气商品量的大幅增加，极大地改善了能源消费结构，尤其是天然气发电和取暖，不仅弥补了区域内缺乏石油资源的困境，还解决了水电的枯水期问题与多元化电力生产结构问题。近年的统计数据表明：四川天然气的开发为地方经济的发展与能源结构的改善做出了积极的贡献，主要表现在农业、工业、运输业及生活等方面。

（1）天然气在盆地能源生产和消费中举足轻重

目前，全省21个市（州）181个县（区、市）中已有17个市（州）118

个县（区、市）使用管道天然气。2008 年，全省使用天然气达 104 亿立方米，主要用于城镇燃气（包括居民生活、CNG 汽车及商业用气）、工业燃料、化学工业及发电四大领域。天然气的有效使用，有力地支撑了全省经济和社会发展（见表 4－2）①。

表 4－2　　2008 年全省天然气消费结构状况　　单位：亿立方米

行业	城市燃气	工业燃气	化工	发电	合计
数量	42.45	19.0	40.66	1.89	104
比例/%	40.81	18.27	39.1	1.82	100

表 4－3　　2008 年全省天然气利用区域分布状况　　单位：亿立方米

地区	用量	比例/%
川西	65.05	62.55
川南	28.41	27.32
川东、川中	7.61	7.31
川北、川东北	2.93	2.82

备注：攀枝花市目前使用液化石油气（LPG）和城市煤气，今后将使用来自缅甸的管输天然气。

目前，我省仅三州民族地区（甘孜、凉山、阿坝）和边远县区尚未使用管输天然气，个别地方使用 LNG、CNG 等非管网天然气。全省气化率达到 83.6%（不含三州一市）、CNG 汽车保有量全国第一（见表 4－3）。

（2）天然气利用推动盆地经济快速发展

①优质的天然气资源吸引众多企业落户西南。由于天然气气质好、价格较低，在生产优质产品方面更有优势，吸引了使用天然气作原燃料的电子、轻工、陶瓷、IT 等许多外地企业入川兴业，带动了内地经济的发展。也正是低于全国水平的四川盆地天然气终端消费价格水平和优质的天然气，成功实现了当地许多暂时困难的优势企业解困过渡。

天然气消费带动了四川盆地工业经济的快速发展。全省用气量较大的企业有 600 余家，工业产值的 60% 左右与天然气的直接使用有密切联系。分布于成

① 张吉军，胡国松，等. 四川省天然气综合利用产业发展规划. 成都：西南石油大学经济管理学院.

都、泸州、德阳、乐山、自贡等地的机械、冶金、化工、重大装备、建材、电子等行业现阶段主要采用天然气作为重要能源，全国最大的6家氧肥生产厂坐落于四川或西南地区，占全国的60%～70%的大氮肥产量与天然气做燃料直接相关，甲醇、醋酸、乙炔、化纤等天然气化工产品在川渝地区化学工业中占有重要地位，发展至今已涌现出包括东电、重钢、长特钢、攀成钢、二重、夹江陶瓷工业园区等重点企业和生产基地，促进了四川地区天然气产业集群的形成和发展。

天然气工业消费逐年上升，仅就2008年来看，天然气工业燃气消费达到19亿立方米，占全省用气的18.27%，而且随着本世纪初陶瓷、玻璃等建材行业用气量的增加，以及近年来燃料油价格持续高涨，工业用气量增幅加大，2007年工业用气量占比达28.3%。随着国内煤价和油价的步步走高，加之国民经济平稳较快发展，预计工业用气量还会有所提升。局部存在供应不能满足产能需求的状况已经出现。在今后大型项目建设投产后，工业燃气用气量将进一步扩大。由于天然气保障了产品质量，四川陶瓷、玻璃、电子仪表、有色冶金等制造加工业产品市场占有率和销售量在全国居领先地位。天然气的广泛利用加快了川渝地区天然气产业集群的形成与发展，有力地支撑了川渝经济的发展和结构调整。①

②天然气消费带动川渝地区GDP增长。有数据表明：2000年以来，中国石油西南油气田分公司、中国石化西南油气田分公司向社会供应的天然气量呈逐年上升趋势，天然气需求不断增加。2002年天然气供应量突破100亿立方米，2007年向社会销售天然气171.72亿立方米，8年累计天然气商品量达978.62亿立方米。川渝地区供气量占外销量的87.30%，以年均7.74亿立方米的增量快速增长。天然气供气量的增加保证了川渝两地城市居民、公用事业和重点用户的安全平稳供气。

川渝地区的GDP增长与该地区天然气消费量增长强相关。据国家统计局经济景气中心计算，2000—2007年，中国石油西南油气田分公司提供就业岗位近100万个，对川渝地区居民收入增长平均贡献率为2.63%，财政收入平均贡献率为3.6%，国民经济平均社会贡献率为1.14%，地区财政收入中，地区用气单位税金合计数占19.7%，盆地中使用天然气较多的地市，工业现价产值较高，天然气对川渝经济的发展作用巨大。

---

① 夏鸿辉. 四川盆地天然气在西南地区经济发展中地位和作用［J］. 天然气经济，2002（4）.

(3) CNG 汽车大规模推广是天然气一大新贡献

①CNG 与汽油的经济性比较。CNG 在燃烧污染排放、替代汽油动力性能等方面都具有优势，且燃料应用技术成熟，经济性好，是适合川渝地区发展的清洁汽车能源。在川渝地区，根据目前的价格，以每 100 公里运行费用进行应用经济性比较，应用 CNG 可节约燃料费 40% ~50%。近年来，城市 CNG 用气量快速上升，已建成 274 个加气站，70 000 多台车辆在用气，CNG 站和 CNG 车辆年替代燃油 200 ×104 吨，用气量以年均 4000×10^4 立方米的速度在增加。使用 CNG 降低了运输成本，大幅降低了车辆燃料费用，提高了运输企业经济效益。

②CNG 的大量应用必然促进 NGV 工业的发展。四川已形成以天然气汽车为核心的产业体系，初步实现了区域化、产业化发展。规划期内将进一步推广 CNG 汽车的应用，由目前主要以出租车、公交车和环卫车使用天然气逐步向长途运输车等发展。积极推进成都天然气汽车装备生产基地和 CNG 科技园建设，自贡 CNG 装备生产基地和 CNG 产业园区建设以及资阳、达州 LNG 装备研发生产基地建设，加快技术推广应用和安全运行体系等配套建设。

四川省规划到 2010 年建成 CNG 加气站 300 座，改车 10 万辆。按年均增幅 12% 的改造估算，加上预计两年全省即将新增的天然气汽车 10 万辆，到 2012 年天然气汽车总保有量将达到 23 万辆；新建天然气加气站 150 座（含高速公路 25 个子站），到 2012 年全省天然气加气站将达到 362 座，约需用气 19 亿立方米①。CNG 汽车在经济效益与环境效益方面的巨大作用必将得到体现。

(4) 天然气支撑了四川盆地化肥、化工业快速发展

甲醇、醋酸、乙炔、化纤等天然气化工产品在川渝地区化学工业中占据重要地位，以天然气为原料的化肥工业占据了天然气消费的半壁江山，有力地支撑了川渝地区经济的发展和结构调整。

长期以来，盆地内有大中型天然气尿素生产厂 18 家，总生产能力达 700 ×104 吨，占全国大型合成氨生产能力的 25%，天然气制合成氨生产化肥一直高居四川盆地天然气消费利用的第一位。与国外多数国家和全国天然气消费结构相比，目前化肥用气保持在每年 50×10^4 立方米左右，但因其他行业特别是城市燃气的天然气消费量增长较快，其消费比例已从 2000 年的 58.8% 降至 2007 年 29.6%，市场份额也降至第一位，但这个比例仍是相当高的。

---

① 胡国松，刘先涛，等. 基于多变量非线性组合模型的四川天然气消费需求预测与发展对策研究. 成都：西南石油大学.

（5）天然气发电

天然气发电正逐步盛行，天然气发电不仅可以减低环境污染排放，有效提高能源利用率，还可减轻电网输电和电网建设的压力。天然气燃机电厂建设势在必行。四川现有燃机电厂均为小型燃机，再有就是燃煤电厂点火用气，从天然气发电与煤电的技术经济比较，天然气发电应有更重要的位置，但由于没有天然气调峰能力和电的调峰价格未解决等原因，盆地内天然气发电未得到应有的发展。2002 年年末，四川盆地内天然气发电总装机容量不到 30 万千瓦。根据四川省天然气生产前景和天然气发电的经济环保优势，“十一五”期间将建一座燃机电厂（江油燃机），装机为 F 型燃机 2×30 万千瓦等级，该项目已获国务院批准立项。达州市正积极开展 2×30 万千瓦重型燃机项目前期工作，如国家政策允许，预计 2010 年将建成投产，届时天然气发电将得到大力发展。

（6）天然气利用促进了川渝地区可持续发展

城市燃气消费比例的增高，对于改善城市环境、提高经济效益、促进地方经济的可持续发展具有重要作用。引导天然气流向经济效益好、附加值高，对国民经济贡献大的行业是优化天然气供用气结构、保证城市燃气和节能减排的工业用户稳定用气的政治任务和社会责任。四川盆地的民用天然气消费增长迅速，城市燃气消费比例由 2000 年的 14.6% 升至 2007 年的 42.1%，城市燃气用气量上升 25.54%，年消费量净增了 46.51 亿立方米，超过化肥和工业用气居第一位，城市燃气行业的发展带动地方增加就业 30 余万人。

天然气利用中 SO_2 的排放极少，1 万立方米天然气燃烧排放的 SO_2 小于 376 克。1 万立方米天然气与 13 吨标煤相当，按煤含硫 1% ~2% 计，13 吨煤燃烧后排放的 SO_2 约为 245 ~490 千克，是等当量含硫天然气 SO_2 燃烧排放的 652 ~1303 倍。1998—2001 年 4 年间，西南油气田分公司共生产天然气 314 亿立方米，相当于代替了 4082 万吨标煤。仅以这 4 年为例，四川盆地由于使用天然气，就少向日趋脆弱的环境排放 $SO_2$75 万 ~150 万吨，而等量的天然气仅排放 1.1 万吨，天然气消费 SO_2 的减少正是顺应了低碳经济发展模式的客观要求。

2000—2007 年中国石油和中国石化西南油气田分公司共销售天然气 978.62 亿立方米，相当于替代用煤 11 883.38 $\times 10^4$ 吨，减少 SO_2 排放 1132.94 $\times 10^4$ 吨、CO_2 排放 15 105.86 $\times 10^4$ 吨、粉尘排放 6060.53 $\times 10^4$ 吨。四川省成都市每利用 1×10^3 立方米天然气在当前的环境效益大于 1381.3 元（采用世界银行课题组将污染危害转化为经济价值的方法计算）。那么，2000—2007 年中国石油西南油气田分公司销售的天然气，对环境的直接贡献逾 577.35 亿元，对农作物和林业的贡献达 47.03 亿元，对改善空气质量的贡献达 530.32 亿元。例如，世界文化“双遗产”乐山大佛和“天下第一山”的峨眉山所在的区域销毁了 200 余座冒着浓烟的大型烟囱，使用天然气后极大改善了当地的大气环境。这不仅造福于当地老百姓和长江中下游广大人民群众，还极大地促进了长江上游绿色生态屏障建设，促进了长江中下游地区的经济发展。

4.5 天然气开发对地方经济负面影响分析

多年来的实践证明，天然气开发作为贫困地区经济发展的重要支柱产业，为地方经济的发展作出了重要贡献。但是，我们应当看到的是，贫困地区由于对天然气等能源开发的过度依赖，不少地方经济出现了“荷兰病”现象。与此同时，因天然气开发而带来的补偿不足而引起的纠纷问题和环境问题也日趋出现，天然气开发的负面影响应该引起我们的高度重视。

（1）“荷兰病”现象成为地方经济可持续发展的重大隐患

20 世纪 60 年代的荷兰因国家大力发展天然气产业出现了经济突飞猛进的现状，国民经济在短暂的时间内翻了几番，出现贸易顺差，天然气产业在规模、效益等方面得到了空前发展，天然气产业一度成为能源地的支柱产业。也正是因为天然气的大力开发，使得大量劳动力、资金流向天然气能源地，这种资金、劳动力的不合理、不科学流向，导致除天然气以外的产业在产业结构调整中得到了不合理的自动调整，出现产业结构不合理，甚至单一的现象。然而，众所周知，天然气作为不可再生的能源其储量是有限的，随着天然气开发力度的加大，天然气储量的减少，天然气及其相关产业自然走向萎缩，而不合理、甚至单一的产业结构自然不能适应地方经济的发展，导致了国家经济的大幅度滑坡，引起国家经济走向衰落，这就是“荷兰病”现象。我们应该看到的是四川天然气的开发在带来经济快速发展的同时，同样会带来资金、劳动力等的不合理流动，产业结构的不合理调整，“荷兰病”现象依然存在，应该引起我们的高度重视。

（2）天然气产业群布局不合理，企业拉动地方经济存在一定问题和不足

从目前来看，天然气产业企业布局问题及带来的地方经济收入流失和转移主要表现在以下几个方面：一是能源地开发的天然气大都输往大城市和工业集中的地方，开发的天然气留在能源地的比例并不大，不利于地方经济的带动与

促进；二是天然气能源地与天然气配套的上游和下游企业分布不多，比如，炼油、天然气化工、化肥等工业大都不分布在能源地，因此，对地方资金投入、劳动力就业、产业增加值等造成一定的影响和制约；三是大部分天然气输往发达地区或工业集中地区，带动发达地区和工业集中地区经济的发展，造成大量的税收流失和资金再投入经济收入的流失，使得本属于天然气能源地的收入转移到异地；四是国家对天然气能源地经济补偿不够，标准不高，政策不合理，难以适应地方经济的快速发展的需要。除此之外，天然气开发在增加地方经济发展商机的同时，由此而带来的地方物价飞涨、资源大量消耗，非但没有给当地部分低收入家庭带来太大的收入，却降低了其生活水平，造成了一定的负面经济影响。

(3) 天然气开发带来的环境破坏成为制约地方经济长远发展的严重障碍

沙漠、戈壁和绿洲边缘地带是天然气开发的主要地区，在开采的过程中，天然气开发在带来经济快速增长的同时，使得脆弱的生态环境受到极大的破坏，土地贫瘠和荒芜，沙进人退，沙丘活化，沙漠合围速度加快，更大的问题是随之而来的环境破坏连锁反应问题。以新疆天然气开发为例，在塔里木盆地边缘南疆五地州，由于石油天然气勘探和掠夺性开发，致使当地生态环境破坏严重。据初步统计，因环境破坏而带来的南疆五地州气候变化中，每平方公里月均降尘124吨，年平均沙尘天气93天，其中和田地区多达220天，重度污染（五类以上）天气300天以上；就水土流失来看，新疆水土流失面积占62%，面积达103万平方公里，占了全国水土流失面积的28.9%。就水土荒漠化程度来看，86个县（市）中的80个县（市）有荒漠化分布，遭受荒漠化危害的土地面积达2/3，人口达1200多万人。[①] 这些环境破坏在现今体制下，由于补偿政策不完善，补偿资金不足，加上部分企业缺乏必要的责任感，只开采不恢复，这不仅会给地方当前经济的发展带来极大的影响，而且会给地方经济的长远发展形成严重的负面影响。

① 中国政协新闻网：民盟委员陈旗建议：能源开发决不能破坏生态环境，2008-04-07.

第5章 相关产业对经济发展带动评价方法借鉴研究

地方经济的发展离不开地方产业的发展，地方产业的发展都不是孤立的、独立的，地方经济的发展与地方产业发展关联紧密，产业关联的基本理论分析即是投入产出分析（Input - output Analysis），是从量的角度来分析国民经济各产业部门之间经济技术联系与联系方式，即依据投入产出表和投入产出模型从数量上分析产业之间在投入与产出上的相互依存关系。一国制订经济计划、制定产业政策和进行经济预测常以产业关联的分析结果作为依据。

5.1 产业关联及投入产出法

（1）产业前向关联方式

赫希曼（A. O. Hilshmen）在《经济发展战略》中认为前向联系效应是“任何在性质上并非唯一满足最终需求的活动，将导致利用其产品作为某种新生产活动的投入的意图”，也就是通过对其产品的应用会导致产生一系列新部门和产业。前向关联方式即产业通过供给关系与其他产业部门发生的关联。在产业链中上游产业对下游产业产生的关联方式为前向关联方式。

（2）产业后向关联方式

赫希曼认为后向联系效应指“每一非初级经济活动将导致作为其原材料工业的产生和发展”，也就是一个产业部门的产生可以通过其投入供应而衍生需求，从而导致作为其原材料工业的产生和发展，即通过需求联系而与其他产业发生的关联。在产业链中下游产业要求其他产业（上游产业）对其投入时，对其他产业的作用方向是向后的，为后向关联方式。

（3）产业环向关联方式

产业链通过复杂的技术经济联系会形成环向关联，即先行产业部门为后续产业部门提供中间产品，同时后续产业部门生产的产品又返回到相关的先行产业部门的生产过程中，如矿石开采、钢铁、矿山机械。矿石开采就是一种环向的产业联系方式。

（4）投入产出分析法及其应用

投入产出分析（简称投入产出法）是经济学和数学相结合的产物，它是研究作为生产单位或消费单位的产业部门、行业、产品等组成的经济系统各个部分之间在投入与产出上相互依存关系的经济数量分析方法。

投入产出分析的这种数量分析方法又被人们称为部门联系平衡法、产业关联等，发展于研究一国的国民经济各个产业部门间的联系。它对于分析和计量一个部门（行业）的经济活动，一个公司或企业的生产经营活动，甚至一个地区的经济活动和研究国际经济关系都具有极大的成效。这种数量分析方法已经在现实生产和统计中得到广泛应用。

所谓投入是任何产业从事某种经济活动都必须耗用的物质资料和必须使用的劳动力，包括产品生产所需燃料、动力、原材料、辅助材料、固定资产折旧和劳动力的投入等；所谓产出是任何产业从事某种经济活动所得到的产品或服务，指产品生产的总量及其分配使用的方向和数量，包括用于生产消费的中间产品和用于生活消费、积累和净出口等的最终产品。在市场经济条件下，这种相互依存关系表现为商品交换关系，即作为商品的相互购买者，作为资源的占用或使用者，作为销售者销售给最终消费者，等等的相互关系。从国民经济产业关联来看，一个产业的投入就是另一个或一些产业的产出，一个产业的产出就是另一个或一些产业的投入。①

投入产出分析数量分析方法的基本原理在于运用线性代数等数学方法和电子计算机运算求解。某一经济系统的各个部分间的数量依存关系，是通过一个线性方程组来描述的，具体的经济结构的特点则由这些方程中的系数来反映，这些系数是由统计、预测或者其他数学报导方法测定的，因此，无论是用于分析微观、中观、宏观经济，投入产出分析都具有较大的作用。

投入产出分析，除了具有数学模型的形式以外，它的基本分析形式还有表格（投入产出表或称部门联系平衡表）的形式。通过投入产出分析，可提供经济分析和政策分析的数据，或者利用其提供的资料，作为预测和计划的

① 赵玉林．产业经济学［M］．武汉：武汉理工大学出版社，2008．

依据。

企业投入产出法在经营管理中的应用如下：

①生产结构分析。企业投入产出表，既能够全面反映出产品在企业内各个部门间的流向和流量，又能够基本上反映出企业内各部门的生产能力和协调关系。这对于研究企业内部门与部门间的比例关系，原材料燃料的自产与外购比例，各种产品的自用与外销比例等，无疑是提供了可靠的数据。因此，投入产出法对企业发展计划的编制、部门结构和比例的调整、生产布局和投资方向的确定，都有很大的作用。

②分析主体生产与辅助生产、附属生产的联系和比例。如果企业投入产出表中除了主体生产环节外，还把辅助和附属生产也包括在内，则该表就可以用来详细分析主体生产与辅助和附属生产之间的联系和比例。例如在编制钢铁联合企业投入产出表时，除了矿石、生铁、钢、钢材等主体产品生产之外，还可以把焦化、耐火、动力、运输等辅助和附属生产也包括在内。

③编制企业生产计划。企业通过市场调查，分析市场供求情况，事先确定计划期间本企业各种产品的外销数量，即商品量计划。事先确定了 Y，根据方程 $X=(I-A)^{-1}Y$ 就能计算出各种产品计划期的总产出量、各种材料物资的供应量。计算出的这些数据就是企业编制生产计划的基本依据。

④在企业生产计划调整上的应用。市场供求关系是在不断变化的。企业计划工作就是要根据不断变化的市场情况，不断地调整生产计划。企业产品外销量的变化要求企业各产品的总产出量也要做出相应的调整。具体数据可以根据下列公式计算：

$$\begin{bmatrix} \Delta X_1 \\ \Delta X_2 \\ \vdots \\ \Delta X_n \end{bmatrix} = \begin{bmatrix} C_{11} & C_{12} & \cdots & C_{1n} \\ C_{21} & C_{22} & \cdots & C_{2n} \\ \vdots & \vdots & \vdots & \vdots \\ C_{n1} & C_{n2} & \cdots & C_{nn} \end{bmatrix} \begin{bmatrix} \Delta Y_1 \\ \Delta Y_2 \\ \vdots \\ \Delta Y_n \end{bmatrix} \tag{5-1}$$

式中：ΔY_i 表示 i 种产品外销量的变化量（如果不变则 ΔY_i 等于零）；ΔX_i 表示 i 种产品总产出量的变化量；C_{ij}表示 $(I-A)^{-1}$矩阵中的元素。

5.2 国民经济信息化对经济发展贡献模型研究[①]

从目前世界形势来看，国民经济信息化正在成为一个引人注目的事实，随着社会的发展，信息经济化时代必将到来。那么，作为影响经济发展一个重要因素的信息在经济发展中具有多大的作用，对国民生产总值的贡献到底有多大，需要怎样去度量，成为我们关注的问题。

目前，国际上关于信息化通用的测算方法较多，但主要使用的是美国经济学家马克·尤里·波拉特（Mark U. Porat）的国内生产总值（GDP）比重法和就业结构分析法，以及日本学者小松崎清提出的信息化指数法。这三种方法比较好地解决了信息化水平的测度问题，同时也可以在此基础上进一步分析研究信息化对经济增长的贡献。但是这三种方法在使用时有一个共同的要求，就是需要大量的基础数据作为支撑。为此，有人从我国实际统计情况出发，建立了关于国民经济信息化对经济发展贡献的数学模型。

国内生产总值（GDP）是反映一个国家经济发展水平的重要指标，它的构成与各产业的产值结构有关，也同一些生产要素有关，如人力资源、资金、原材料等，这种关系可以通过某些等式加以表示。在建立这种平衡关系时，要对GDP作深入分析，须先用统计分析方法找出在信息化进程中对其影响最大的构成要素，然后去建立相应的数学模型。

生产函数是一种描述生产过程中所投入的生产要素的某种组合同它可能生产的最大产量之间的依存关系的数学表达式。GDP的变化与相关的生产要素的投入量密切相关，经过对GDP构成因素的相关分析，得到扩充后的生产函数的基本形式为

$$G_t = kM_t^a C_t^B \tag{5-2}$$

式中：G_t 为第 t 年的 GDP；M_t 为第 t 年的物能消耗；C_t 为第 t 年的信息消耗；k、a、B 为参数；G_t 为因变量；M_t、C_t 为自变量。对上式两边取对数得

$$\ln G_t = \ln k + a\ln M_t + B\ln C_t \tag{5-3}$$

利用SPSS统计软件包，用回归方法估计出参数 k、a、B，得生产函数

① 李振东，王峰. 国民经济信息化对经济发展贡献模型研究［J］. 兰州商学院学报，2002(6).

模型

$$G = kM^{a}C^{B} \tag{5-4}$$

由上式知，信息消耗对GDP的贡献率为

$$dG/dC = kBM^{a}C^{B-1} \tag{5-5}$$

这是信息消耗对GDP的边际贡献，即投入一个单位的信息消耗，得到的对GDP的边际贡献。

5.3 铁路产业对国民经济贡献的度量①

铁路作为我国的重要支柱产业，对其在国民经济发展中的贡献的度量一直是我国经济发展中的一个难题，有人从界定铁路产业的业务范围入手（铁路运输服务业、铁路用户、铁路建筑），应用增加值法度量铁路产业对国民经济贡献的理论及方法，并对铁路产业对国民经济贡献进行度量。其度量方法如下：

（1）铁路产业对国民经济直接经济贡献的度量

①铁路服务业增加值。铁路服务业的增加值主要体现于运输业、银行或保险公司通过铁路创造的增加值。

$$\frac{\text{通过铁路创造的}}{\text{运输企业增加值}} = \frac{\text{该企业全年创造}}{\text{的增加值总额}} \times \frac{\text{通过铁路创造的企业营业额}}{\text{该企业全年总营业额}} \tag{5-6}$$

$$\frac{\text{通过铁路创造的银行}}{\text{或保险公司增加值}} = \frac{\text{该机构全年}}{\text{创造的增加值}} \times \frac{\text{通过铁路创造的该机构业务额}}{\text{该机构全年总业务额}} \tag{5-7}$$

②铁路用户增加值。铁路用户与铁路产业之间存在着前向联系和后向联系两种关系，铁路用户增加值的计算与铁路和铁路用户之间的联系权重紧密相关。

从铁路产业的角度，所谓前向联系是指铁路产业为与铁路有业务关系的工业企业或商贸企业等用户提供客货运输等服务。前向联系系数关系的表示公式为：

$$\frac{\text{前向}}{\text{联系系数}} = \frac{\text{因客货运输企业支付给铁路的费用总额}}{\text{该企业经营成本全年总额}} \tag{5-8}$$

---

① 任民．“九五”前三年铁路产业对国民经济贡献的度量［J］．铁道经济研究，2001（2）．

从铁路产业的角度，所谓后向联系是指工业企业和商贸企业为铁路产业提供的产品和服务。同样，后向联系系数常用铁路使用的产品和服务占某企业生产的产品或服务的比重来表示。即

$$\text{后向联系系数}=\frac{\text{铁路接受企业提供的产品或服务}}{\text{该企业生产的全部产品或服务}} \tag{5-9}$$

为了比较准确地反映铁路的贡献在铁路用户所创造的增加值中的数量多少，在铁路用户增加值的计算中，我们必须以铁路用户对铁路的依存程度为依据，即以铁路与铁路用户之间的联系系数为权重来划分该企业增加值中属于铁路贡献的那部分。即

$$\text{应计入铁路贡献的铁路用户增加值}=\text{该企业全部增加值}\times\text{前向联系系数（或后向联系系数）} \tag{5-10}$$

③铁路建筑业。铁路建筑业在铁路产业对国民经济贡献计算中占有极大的比例，是衡量铁路产业对国民经济贡献的重要指标。其表示方法为：

$$\text{通过铁路创造的某建筑公司增加值}=\text{该公司全年增加值总额}\times\frac{\text{该公司承担的铁路项目工程数}}{\text{该公司全年项目工程数}} \tag{5-11}$$

（2）铁路产业对国民经济间接经济贡献的度量

由铁路运输服务业、铁路用户和铁路建筑等对国民经济直接经济贡献的“波及效果”所产生的第二轮及其以后各轮的经济影响，我们把它称之为铁路产业对国民经济的间接经济贡献。间接经济贡献的产生来源在于为了必要的生活需要或产生更多的增加值，铁路产业产生的部分增加值中有的会被政府、企业和个人重新用来投资或消费。如铁路运输服务业、铁路用户和铁路建筑业的职工有可能将他们的工资用在日常商品和服务的消费上满足自身的生存需要，这些企业也会将其利润的一部分重新用于投资上。这些花费和投资本身必然会产生新的增加值。而新产生的增加值的一部分又会被再投资或消费，这样循环下去，这些间接影响周而复始逐渐递减，最后将趋于零。

为了表示铁路产业对国民经济的间接经济贡献，一般用间接影响乘数来反映间接经济贡献与直接经济贡献之间的这种关系。即：

$$\text{间接影响乘数(m)}=\frac{\text{国民经济中铁路产业的整体经济贡献}}{\text{国民经济中铁路产业的直接经济贡献}} \tag{5-12}$$

间接经济贡献：

$$\Delta I=\frac{1}{1-a}\Delta D \tag{5-13}$$

其中：ΔI 为间接经济贡献增加量；a 为直接经济贡献中边际消费倾向；ΔD 为直接经济贡献增加量。

5.4 从带动度系数看信息产业在国民经济中的作用[①]

信息产业对其他产业的后向关联程度的反映是通过带动度及带动度系数两个重要经济参数指标来表示的。由于信息产业部门对其他产业部门具有接受产品或服务的这样一种需求过程，信息产业对其他产业存在后向关联。因此，信息产业的优先发展和重点扶持的程度取决于信息产业部门对其他产业部门产品或服务的需求强烈程度。如果这种需求程度强烈，必然会对其他产业部门产生强大的诱惑力，为满足信息产业部门对其产品或服务的需求，必然促使其他产业部门不断更新、改造，发展壮大，这样，其他产业的发展就受到了信息产业发展的带动作用。

我们知道，如果信息部门在生产过程中涉及的投入部门越多，中间消耗越大，那么，它在国民经济系统中对其他产业部门的后向关联程度就越大，它的发展对整个国民经济发展的带动作用也越大。带动度计算公式为：

$$d_j = \sum_{i=1}^{m+n} b'_{ij} \quad (j = 1,2,\cdots,m+n) \tag{5-14}$$

式中：d_j 为带动度；b_{ij}为完全需要矩阵 B 中的元素；$B' = B + I = (I - A)^{-1}$；B 为完全消耗系数矩阵；A 为直接消耗系数矩阵（A 可由公式 $a_{ij} = X_{ij}/X_j$ 计算得出）。

该计算公式的经济意义在于，当 j 代表信息部门时，式中 d_j 的大小意味着当信息部门带动国民经济系统中各部门总产出的增加量受信息部门最终产品或服务单位增加量的影响，它反映了国民经济系统中信息部门对各部门产品或服务需求的程度。同样的，如果我们把第 j 部门的带动度与各部门平均带动度相比较，则可得到第 j 部门的带动度系数。

$$d'_j = \frac{1}{m+n}\sum_{i=1}^{m+n} b'_{ij} \cdot \sum_{i=1}^{m+n}\sum_{j=1}^{m+n} b'_{ij} (j = 1,2,\cdots,m+n) \tag{5-15}$$

当 j 代表信息部门时，带动度系数 d'_j 的数值大小存在 $d'_j > 1$，$d'_j = 1$，

① 金笙，杨冬林．从带动度系数看信息产业在国民经济中的作用［J］．北京林业大学学报，2003（1）．

$d_j' < 1$三种可能。而只有当 $d_j' > 1$ 时，表明信息部门对社会生产发展的带动作用比各部门的平均带动作用大，也就是说，信息部门生产的发展将会比其他部门生产的发展（指平均水平）更好地带动国民经济增长。上式也反映了信息部门的最终产品或服务每增加一个单位时，带动国民经济系统中各部门总产出的增加量与增加的总产出量平均水平的对比关系。

5.5 房地产经济与国民经济波动基本因素分析①

国民经济增长波动曲线是国民经济各产业部门增长波动曲线的汇总，房地产经济作为国民经济的组成部分，其经济增长波动均受需求、生产、收入、支出这四种基本经济因素变化的影响，这四种基本因素既可以独立地波动，也可以因互为因果的变动关系而造成整体的波动，对整个房地产业产生重要影响。这种波动模式为：需求变动—生产变动—收入变动—支出变动—需求变动，这样就构成了一个以需求变动为“龙头”、互为因果的内在变动经济体系的环形核心因果链。核心因果链的运行是经济周期波动内在的、基本的核心波。它的运行具有三个特点：

（1）自我转折性

由于受来自因果链扩张运行本身所产生的阻碍力量的影响，在核心因果链的累积扩张进行到一定程度时，最后使得扩张终止，转而进入收缩阶段。也就是说，核心因果链的扩张过程中，会自我产生出阻碍扩张的力量造成扩张运行自我终结。这种阻碍核心因果链的扩张运行的力量来自以下几个方面：

①核心因果链自身结构的变化而导致扩张运行终结。核心因果链各个环节之间需保持一定的、适当的比例关系才能正常运行，它是一个大小环节相互连锁的网状系统。而在其扩张运行中，会内生地发生重大比例关系失调的现象，这种阻碍力量将阻止扩张难以维继而终止的。

②因内生地恶化资源而导致扩张运行终结。在扩张初期和中期，核心因果链“一路顺风”扩张的客观条件取决于资源供给状况和生产结构状况。而在扩张后期，受资源供给状况的恶化和影响，生产结构出现失调，这样必然加剧各个部门对资源的激烈竞争，从而进一步造成资源供给状况的恶化。所以，因果链的扩张运行规律表现为：一路顺风的奔跑下，由于突然而迅猛的转折被强

① 李铁. 房地产经济与国民经济波动的主要因素分析 [J]. 商业研究，2002（4）.

行终止。

(2) 连锁性

需求、生产、收入、支出这四种基本经济因素在核心因果链中是紧密联系在一起的，在每一个因素内，又都包含着若干子因素，如需求因素中包含投资需求与消费需求因素，生产因素中包括最终产品生产因素与中间产品生产因素。一环的变化常会由另一环的变动而引起，一个子因素的变动，亦可能引起整个链条的变动。因此，核心因果链构成了一个“牵一发而动全身”，小环节相互连锁、相互衔接的网状系统，核心因果链连锁性的特性得以体现。

(3) 自我累积性

无论是向上的扩张，还是向下的收缩运行，核心因果链的运行都是一个自我累积的过程，或者说都是一个自我加强、自我放大的过程。

以向上的扩张为例，无论是投资需求的扩张，还是消费需求的扩张，需求的一个初始扩张，都将引起生产的扩张。在生产的扩张中，消费品的生产以及中间产品生产的扩张必然会随着投资品生产的扩张而扩张。反过来，消费品的生产以及中间产品生产的扩张又会引起投资品生产的扩张，从而导致收入的增加，引起支出增加的变化，支出的增加又导致各种需求的进一步扩张，由此而来，整个社会经济活动会在这一扩张的过程中活跃起来，一个初始的扩张将会被放大一个倍数。同样，在向下的收缩中，一个初始的收缩，也会被累积和放大。

下面，我们用经济学中的乘数原理和加速原理来就核心因果链运行的这一累积和放大的机制做一概括。

加速原理指出：生产（或收入、支出）的增长，都将引起投资需求新的加速扩张。根据乘数原理，投资需求的扩张，都将引起生产（或收入、支出）的加倍扩张。乘数原理和加速原理可分别由式（5－16）和式（5－17）表示：

$$\Delta Y = K \cdot \Delta I \tag{5-16}$$

$$I = U \cdot \Delta Y \tag{5-17}$$

式中：ΔY 表示产出（或收入、支出）的增量；I 表示投资；ΔI 表示投资的增量；K 表示乘数；U 表示加速数。

将两式合起来，可得：

$$I = U \cdot K \cdot \Delta I \tag{5-18}$$

式 5－18 说明，投资的一个增量或者投资的一个初始扩张经过乘数和加速数的放大作用，导致投资总规模更大的扩张。

通过上述分析看到，核心因果链的运行，形成经济周期内在的、基本的核心波，产生出扩张和收缩、波峰与波谷不断交替的重复运行。而每一次经济周期波动之所以又各具有特点，并非“一模一样的孪生兄弟”，是因为核心因果链的运行所产生的核心波的作用，将通过需求、生产、收入、支出这四个基本环节，影响核心因果链的基本波。

第 6 章　天然气对经济发展带动贡献评价指标体系

产业对经济带动的发展是一个综合、复杂的问题。从涉及的学科知识来看，天然气对地方经济带动贡献评价指标体系的建立是涉及经济学、天然气产业发展与产业链、数理统计学以及评价学等相关学科的综合运用的问题；从评价的内容与对象来看，主要分为直接贡献经济评价、社会贡献经济评价、环境保护经济贡献评价以及综合贡献评价等；从评价的方式来看，主要是定量基础上的定性评价，是定性与定量的结合。

6.1　评价对象与范围

天然气对地方经济发展带动贡献的评价对象可以从天然气涉及的具体业务产业链的相关方面来进行，按照前面所讲的铁路行业、房地产产业、信息产业和包装业对贫困地区经济的贡献评价方式及评价指标体系的借鉴和比较，天然气对地方经济带动评价方法的评价对象和范围可以从三个方面介绍：天然气主营业务链；天然气技术业务链；天然气用户生产链。

6.1.1　主营业务链

天然气主营业务链主要包括油气勘探开发板块业务、天然气管道板块业务、炼油与销售板块业务、化工与销售板块业务等。天然气主营业务链对地方经济的带动贡献评价主要是以这些业务在某一阶段所创造的全部经济价值为统计口径标准来进行。天然气主营业务链对地方经济贡献的评价是研究天然气产业对地方经济带动与发展的最主要的因素。

6.1.2 技术服务链

天然气企业的技术服务链主要以为天然气企业的正常业务与生产发展提供地质勘探、钻井勘探与开发、钻井工程技术与工艺服务、测井、井下作业、修井作业、天然气管道建设、物质及运输保障以及生活服务等形成的经济价值及贡献。在评价的过程中，技术服务链对地方经济贡献的评价范围主要以油气专业队伍提供的关联交易技术服务作业价值和非油气专业队伍提供技术服务作业价值为标准，具体的数据统计和收集是以各服务企业在不同年限所创造的价值为统计单位的。

6.1.3 用户生产链

贫困地区作为天然气集中地，以天然气为原料、燃料、动力等的用户企业从事的相关活动形成的用户生产链十分庞大。就涉及的企业群来讲，主要包括化肥生产、天然气化工、建材、冶金、轻工、机械、发电等行业。在评价的实际过程中，其统计数据主要以在某年度内对各单位的供气数量为统计口径来进行。

6.2 评价原则

（1）定性描述与定量分析相结合的原则

贫困地区天然气对地方经济直接贡献以主营业务链、技术服务作业链和天然气用户生产链的增加值等相关联的指标进行量化评价；对地方经济的社会贡献以对社会贡献率、对地方财政收入的贡献、对居民收入水平的贡献、对社会就业的贡献等四个方面指标进行量化评价；对地方环境改善的贡献主要对天然气利用所产生的环境效益、天然气利用改善大气质量而带来的对人体健康的贡献和农林等贡献进行量化评价；综合评价贫困地区天然气开发对贫困地区经济可持续发展和环境保护的贡献率，这部分综合评价采取定性与定量相结合的方法。

（2）统计分析与现场调研相结合的原则

在实际的实证研究中，相关的统计数据主要以当地的天然气企业和财政、税务的相关数据为统计口径；对于在统计中没有涉及的相关数据，主要以西南油气田开发公司的相关统计数据为基础，对于统计数据没有的，主要以对贫困地区天然气的发展和实际现场考察企业而进行的数据估计为主。另外还有部分数据是以中石油和中石化的相关报纸和内部资料提供的数据为基础。整个评价指标体系的研究实行统计分析与现场调研相结合的方法。

6.3 评价指标体系框架

按照经济学的分类要求，产业对地方经济的发展评价可以从大的方面分为直接贡献、社会贡献和环境贡献三方面，其中每一个指标下面又包括很多其他相关的指标数据内容，使得评价天然气对地方产业的带动更为完善。具体评价指标体系见图6－1。

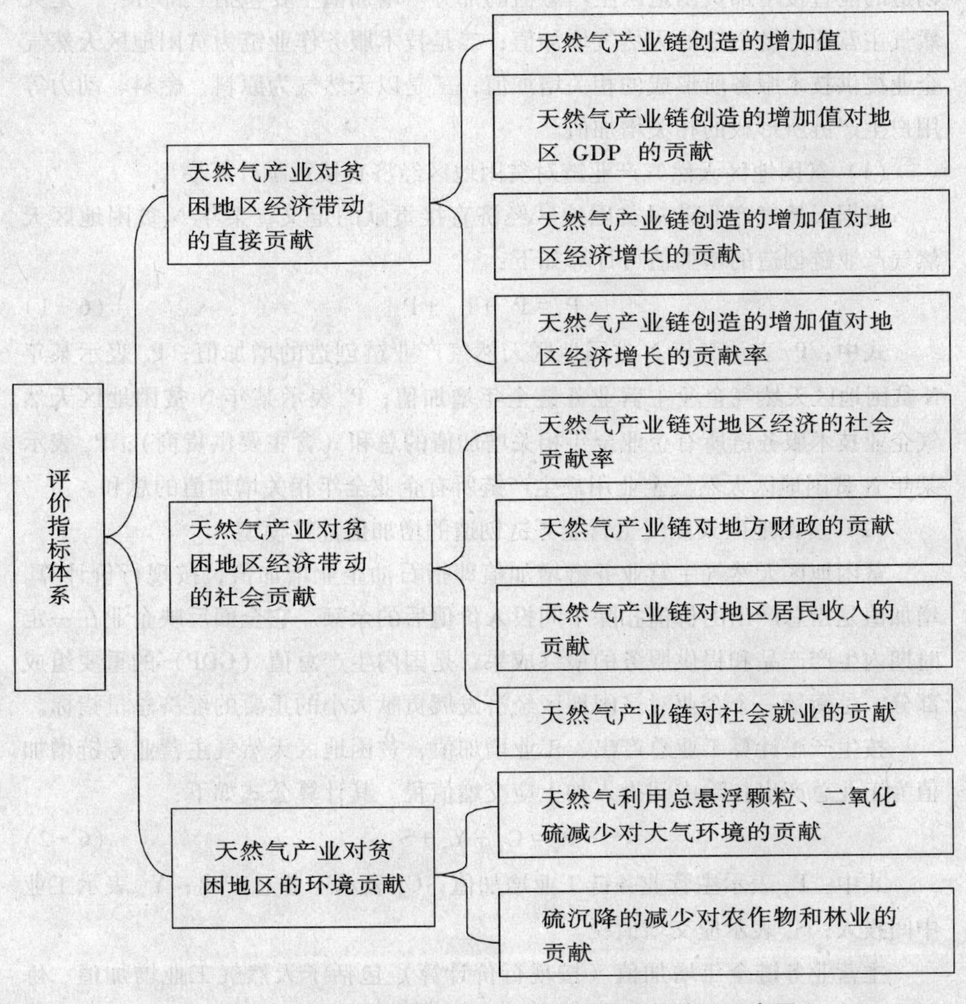

图6－1 天然气对贫困地区经济带动评价指标体系示意图

6.4 天然气对贫困地区经济发展直接贡献评价指标体系

6.4.1 贫困地区天然气产业链对经济发展的直接贡献

天然气产业链对贫困地区经济直接贡献是指由于贫困地区天然气开发和生产经营活动而使贫困地区产业链创造的增加值。

天然气产业链创造的增加值是指天然气公司生产的天然气及其相关的企业创造的能直接增加贫困地区生产总值的部分。增加值主要包括三部分：一是天然气主营业务链创造的天然气增加值；二是技术服务作业链为贫困地区天然气企业提供技术服务所形成的相关增加值；三是以天然气为原料、燃料、动力等用户生产链所形成的相关增加值。

（1）贫困地区天然气产业链对贫困地区经济直接贡献计算模型

根据天然气产业链对贫困地区经济直接贡献的定义，某年N贫困地区天然气产业链创造的增加值可计算如下：

$$P_f = P_z + P_{ij} + P_{yg} \tag{6-1}$$

式中：P_f 表示某年N贫困地区天然气产业链创造的增加值；P_z 表示某年N贫困地区天然气企业主营业务链全年增加值；P_{ij}表示某年N贫困地区天然气企业技术服务链所有企业全年相关增加值的总和（含主要供货商）；P_{yg}表示某年N贫困地区天然气企业用户生产链所有企业全年相关增加值的总和。

（2）贫困地区天然气主营业务链创造的增加值计算模型

贫困地区天然气主营业务链增加值即指石油企业增加值，按现行价计算。增加值是指总产出的价值扣除中间投入价值后的余额。它全面反映企业在一定时期内生产产品和提供服务的最终成果，是国内生产总值（GDP）的重要组成部分，是衡量一个企业对贫困地区经济发展贡献大小的重要的经济总量指标。

按生产法计算工业总产出、工业增加值，贫困地区天然气主营业务链增加值为工业总产出扣除中间投入加上应交增值税。其计算公式如下：

$$P_z = C_z - Y_z + S_z \tag{6-2}$$

式中：P_z 表示主营业务链工业增加值；C_z 表示工业总产出；Y_z 表示工业中间投入；S_z 表示应交增值税。

主营业务链全年增加值（按现行价计算）包括了天然气工业增加值、炼油工业增加值、天然气化工工业增加值、原油工业增加值、其他工业增加值之和。

本书中的贫困地区天然气主营业务链增加值，其中的计算数据以西南油气田公司提供的统计数据和贫困地区天然气企业提供的具体财务数据为参考依据。

（3）贫困地区天然气技术服务作业链创造的相关增加值计算模型

①技术服务作业链创造的相关增加值。技术服务作业链创造的与天然气相关的增加值指技术服务作业链通过关联交易等方式为贫困地区天然气企业提供技术服务，根据其与贫困地区天然气的依存程度计算其与天然气相关的增加值（按现行价计算）。

整个技术服务作业链为贫困地区天然气企业提供产品和技术服务产生的与天然气相关的增加值，用各技术服务作业与天然气相关的增加值的总和表示。其表达式为：

$$P_{jg} = \sum_{i=1}^{n} P_{jg_i} \tag{6-3}$$

式中：P_{jg}表示整个技术服务作业链与天然气相关的增加值；P_{jg_i}表示技术服务作业链中第 i 个企业与天然气相关的增加值；n 表示技术服务作业链中包括的企业个数。

②技术服务作业链中某企业创造的与天然气相关的增加值。技术服务作业链中某技术服务作业与天然气相关的增加值（即通过为贫困地区天然气企业提供的产品和技术服务，应计入天然气增加值的部分）用该企业增加值与前向联系系数的乘积表示，其表达式为：

$$P_{jg_i} = P_{ji} \times L_{qi} \tag{6-4}$$

式中：P_{ji}表示技术服务作业链中第 i 个企业创造的增加值，计算公式与 6-2 相同；L_{qi}表示技术服务作业链中第 i 个企业前向联系系数。

③技术服务作业链前向联系系数。技术服务作业链与天然气相关的增加值通过该企业前向联系系数计算。前向联系系数也称向前联系系数、关联程度系数、相互依存系数、感应度系数等。前向联系系数是指贫困地区天然气企业接受相关企业提供的技术服务作业的程度，用某技术服务企业为贫困地区天然气企业提供的产品和技术服务占该企业全部产品和技术服务的比重表示，其表达式为：

$$L_{qi} = \frac{f_{ji}}{F_{ji}} \tag{6-5}$$

式中：f_{ji}表示技术服务作业链中某技术服务企业 i 向贫困地区天然气企业提供的产品和技术服务，用该企业与贫困地区天然气企业发生关联交易活动的收入表示；F_{ji} 表示该企业全部产品和技术服务，用该企业主营业务总收入表示。

对于非关联交易企业为贫困地区天然气企业提供的产品和技术服务（如供货商），用该企业与贫困地区天然气企业发生交易活动的收入占其主营业务总收入的比重表示。

（4）贫困地区天然气用户生产链创造的相关增加值计算模型

①用户生产链创造的与天然气相关的增加值。整个贫困地区天然气用户企业生产链与天然气相关的增加值用各用户企业与天然气相关的增加值的总和表示。其表达式为：

$$P_{yg} = \sum_{i=1}^{n} P_{yg_i} \tag{6-6}$$

式中：P_{yg}表示整个贫困地区用户企业生产链创造的与天然气相关的增加值；P_{yg_i}表示贫困地区用户生产链中第 i 用户企业创造的与天然气相关的增加值；n 表示用户生产链中包括的用户企业的个数。

②贫困地区某个用户企业创造的与天然气相关的增加值。某用户企业与天然气相关的企业增加值（即该企业使用天然气作为燃料或原料从事生产所得产品创造的增加值，应计入天然气增加值的部分）用该企业增加值与后向联系系数的乘积表示，其表达式为：

$$P_{yg_i} = P_{yi} \times L_{hi} \tag{6-7}$$

式中：P_{yi}表示用户生产链中第 i 个企业创造的增加值，计算公式与 6－2 相同；L_{hi}表示用户生产链中第 i 个企业后向联系系数。

③用户生产链后向联系系数。与技术服务作业链天然气相关增加值的计算方法相似，用户生产链与天然气相关的增加值通过该企业后向联系系数计算。后向联系系数也称向后联系系数、关联程度系数、相互依存系数、感应度系数等。后向联系系数用某用户企业为获得天然气支付给贫困地区天然气企业的费用总额占该企业全年经营成本总额的比重表示（相当于购买天然气及其产品的成本），其表达式为：

$$L_{hi} = \frac{f_{yi}}{F_{yi}} \tag{6-8}$$

式中：f_{yi}表示用户生产链中某用户企业 i 支付给西南油气田的费用总额；F_{yi}表示用户生产链中该用户企业经营成本总额。

6.4.2 贫困地区天然气产业链增加值对 GDP 的贡献

贫困地区天然气产业链创造的增加值对 GDP 的贡献是指贫困地区天然气

产业链创造的增加值增加了贫困地区的 GDP，为贫困地区 GDP 作出了贡献，通过贫困地区天然气产业链创造的全部企业增加值占贫困地区生产总值的比重来表示。

根据产业部门对贫困地区经济贡献原理，用 y 代表贫困地区生产总值，t 代表年度，用 P_t 代表贫困地区天然气产业链创造的增加值，则 t 年贫困地区天然气产业链对 GDP 的贡献可由下式表示：

$$P_t^g = \frac{P_t}{y_t} \times 100\% \tag{6-9}$$

式中：P_t^g 表示贫困地区天然气产业链的增加值占贫困地区生产总值的比重；y_t 表示贫困地区生产总值；P_t 表示贫困地区天然气产业链的增加值的总和，包括主营业务链天然气创造的增加值、技术服务链与天然气相关的增加值、用户产业链与天然气相关的增加值。

P_t 的计算公式如下：

$$P_t = P_{zt} + P_{ig_t} + P_{yg_t} \tag{6-10}$$

6.4.3 贫困地区天然气对经济增长的贡献

贫困地区天然气对贫困地区经济增长的贡献是指贫困地区天然气创造的企业增加值的增长所引起的贫困地区生产总值增长率（即经济增长率）的增加额。它可以反映在地区经济增长中，贫困地区企业的贡献。

根据产业部门对贫困地区经济贡献率原理，贫困地区天然气对贫困地区经济增长的贡献可表达为：

$$r_t = \frac{P_t - P_{t-1}}{y_{t-1}} \times 100\% \tag{6-11}$$

式中：r_t 表示贫困地区天然气对贫困地区经济增长的贡献；$P_t - P_{t-1}$ 表示贫困地区天然气产业链创造的增加值增量；y_{t-1} 表示 t - 1 年贫困地区 GDP。

贫困地区天然气产业链增加值增量指由贫困地区天然气企业生产销售的天然气形成的产业链创造的全部增加值与上年的差额。

6.4.4 贫困地区天然气对经济增长的贡献率

贫困地区天然气对贫困地区经济增长的贡献率是指在贫困地区经济增长率中贫困地区天然气产业链的贡献所占的份额。

贫困地区天然气对地区贫困地区经济增长的贡献率，由下式表示：

$$M_t = \frac{P_t - P_{t-1}}{y_t - y_{t-1}} \times 100\% \tag{6-12}$$

式中：M_t 表示贫困地区天然气对贫困地区经济增长的贡献率；$y_t - y_{t-1}$ 表示贫困地区 GDP 的增量；$P_t - P_{t-1}$ 表示贫困地区天然气产业链创造的增加值增量。

6.5 天然气对贫困地区经济发展社会贡献评价指标体系

天然气产业对贫困地区经济发展社会贡献评价指标体系的建立可以从贫困地区天然气产业链的社会贡献率以及贫困地区天然气产业链对地方财政收入、居民工资收入增长、提供的社会就业机会等方面去反映。

(1) 贫困地区天然气产业链对经济的社会贡献率

社会贡献率是衡量企业为社会创造或支付价值的能力，通过贫困地区天然气企业的社会贡献总额占贫困地区社会贡献总额的百分比来表示。社会贡献总额包括工资、社保统筹及其他社会福利支出、利息支出净额、生产税净额、净利润等。

①天然气产业链对经济的社会贡献率计算模型。贫困地区天然气主营产业链对贫困地区经济的社会贡献率通过主营业务链、技术服务作业链、用户生产链三大部分对社会贡献总额之和与贫困地区社会贡献总额之比来反映，贫困地区的社会贡献总额是收入法中国内生产总值核算分类中的三项之和，此三项包括劳动者报酬、生产税净额、企业盈余。具体可按下式计算：

$$G_{XS} = \frac{S_Z + S_J + S_Y}{S_d} \times 100\% \tag{6-13}$$

式中：G_{XS}表示贫困地区天然气产业链对贫困地区经济的社会贡献率；S_Z 表示主营业务链的社会贡献总额；S_J 表示技术服务链的相关社会贡献总额；S_Y 表示用户链的相关社会贡献总额；S_d 表示贫困地区社会贡献总额。

②技术服务链相关社会贡献总额。贫困地区天然气企业技术服务链对社会贡献总额同样包括工资、劳保退休统筹及其他社会福利支出、利息支出、生产税净额、净利润等。

由于技术服务链上的各个企业运用全部资产对社会产生的贡献总额不同，并且有些部分与天然气无关，因此，在计算技术服务链的社会贡献率时，应将与天然气无关的部分剔除。这样，在考虑该技术服务企业的前向联系系数后，技术服务链的社会贡献总额可按下式计算：

$$S_J = \sum_{i=1}^{n} S_{yi} \times L_{qi} \tag{6-14}$$

式中：S_j 表示技术服务链与天然气相关的社会贡献总额；S_{yi} 表示技术服务链上的第 i 个企业的社会贡献总额；L_{qi} 表示技术服务链上的第 i 个企业与贫困地区天然气相关的前向联系系数。

③用户生产链相关社会贡献总额。贫困地区天然气用户生产链对社会贡献同样包括工资、劳保退休统筹及其他社会福利支出、利息支出、生产税净额、净利润等。

与技术服务链相似，用户生产链上的各个企业对社会产生的贡献总额不同，并且有些部分与天然气无关。因此，在计算用户生产链的社会贡献率时，应将与天然气无关的部分剔除。这样，在考虑该用户生产企业的后向联系系数后，用户生产链的社会贡献率可按下式计算：

$$S_Y = \sum_{i=1}^{n} S_{yi} \times L_{hi} \qquad (6-15)$$

式中：S_Y 表示用户链与天然气相关的社会贡献总额；S_{yi} 表示用户链上的第 i 个企业的社会贡献总额；L_{hi} 表示用户链上的第 i 个企业与贫困地区天然气相关的后向联系系数。

（2）贫困地区天然气产业链对居民收入的贡献

贫困地区天然气产业链对居民收入贡献是指贫困地区天然气产业链为职工收入水平的提高所作出的贡献，可以通过贫困地区天然气产业链的年职工工资总额与贫困地区职工工资总额相比较来反映贫困地区天然气对贫困地区的居民收入水平增加的贡献。

由于技术服务链、用户生产链上的各个企业人员在提供服务过程中，有些部分与天然气无关，因此，在计算相关业务对居民收入水平的贡献率时，应将与天然气无关的部分剔除。这样，在考虑该技术服务企业、用户生产链企业的前、后向联系系数后，贫困地区天然气产业链对居民收入水平的贡献率可按下式计算：

$$G_{js} = \left(\frac{G_{js}^{z}}{G_{djs}} + \frac{\sum_{i=1}^{n} G_{jsi}^{j} \times L_{qi}}{G_{djs}} + \frac{\sum_{i=1}^{n} G_{jsi}^{y} \times L_{hi}}{G_{djs}} \right) \times 100\% \qquad (6-16)$$

式中：G_{js} 表示贫困地区天然气产业链对贫困地区居民收入的贡献率；G_{js}^{z} 表示主营业务链提供的职工工资总额；G_{sji}^{j} 表示技术服务作业链中企业 i 提供的职工工资总额；G_{jsi}^{y} 表示用户生产链中用户企业 i 提供的职工工资总额；G_{djs} 表示贫困地区职工工资总额；L_{qi} 表示技术服务链上的第 i 个企业与贫困地区天然气相关的前向联系系数；L_{hi} 表示用户链上的第 i 个企业与贫困地区天然气相关的后向联系系数。

（3）贫困地区天然气产业链对地方财政收入的贡献

天然气产业作为大型国有企业，对中央财政和地方财政收入都有较大的贡献，这些可以通过计算天然气产业链上缴的税收占地方财政收入的比重来反映。本书主要考虑贫困地区天然气主营业务链和技术服务链提供的税费对地方财政收入的贡献，用户企业链有关情况作为参考。

由于技术服务链、用户生产链上的各个企业人员在提供服务过程中，有些部分与天然气无关，因此，在计算相关业务对地方财政收入的贡献率时，应将与天然气无关的部分剔除。这样，在考虑该技术服务企业、用户生产链企业的前、后向联系系数后，西南油气田对地方财政收入的贡献率可按下式计算：

$$C_{cs}=\left(\frac{G_{cs}^{z}}{G_{dcs}}+\frac{\sum_{i=1}^{n}G_{csi}^{j}\times L_{qi}}{G_{dcs}}+\frac{\sum_{i=1}^{n}G_{csi}^{y}\times L_{hi}}{G_{dcs}}\right)\times 100\% \qquad (6-17)$$

式中：G_{cs}表示天然气产业链对中央财政和地方财政收入的贡献率；G_{cs}^{z}表示主营业务链上缴的财政收入；G_{csi}^{j}表示技术服务作业链中企业 i 上缴的财政收入；G_{csi}^{y}表示用户生产链中用户企业 i 上缴的财政收入；G_{dcs}表示贫困地区财政收入；L_{qi}表示技术服务链上的第 i 个企业与贫困地区天然气相关的前向联系系数；L_{hi}表示用户链上的第 i 个企业与贫困地区天然气相关的后向联系系数。

由于税收情况较为复杂，在实际计算中，我们常用企业增值税在地方财政增值税收入中的比重作为贫困地区天然气产业链对地方财政收入的贡献。

（4）贫困地区天然气产业链为社会提供的就业贡献率

贫困地区天然气产业链为社会提供的就业贡献率是指贫困地区天然气产业链为社会提供就业岗位所做出的贡献，可以通过计算天然气产业链提供就业岗位占贫困地区从业人员的比重来反映。本书只考虑贫困地区主营业务链、技术服务链和用户生产链直接为社会提供全职就业率，不考虑短期就业率。

由于技术服务链、用户生产链上为社会提供就业岗位所做出的贡献，有些部分与天然气无关，因此，在计算相关业务对为社会提供就业岗位所作出的贡献时，应将与天然气无关的部分剔除。这样，在考虑该技术服务企业、用户生产链企业的前、后向联系系数后，天然气产业链为社会提供就业岗位所作出的就业贡献率可按下式计算：

$$G_{jy}=\left(\frac{G_{jy}^{z}}{G_{djy}}+\frac{\sum_{i=1}^{n}G_{jyi}^{j}\times L_{qi}}{G_{djy}}+\frac{\sum_{i=1}^{n}G_{jyi}^{y}\times L_{hi}}{G_{djy}}\right)\times 100\% \qquad (6-18)$$

式中：G_{jy}表示贫困地区天然气产业区联对就业的贡献率；G_{jy}^{z}表示主营业务链提供的就业人数；G_{jyi}^{j}表示技术服务作业链中企业 i 提供的就业人数；G_{jyi}^{y}表示

用户生产链中用户企业 i 提供的就业人数；G_{djy} 表示贫困地区就业人数；l_{qi} 表示技术服务链上的第 i 个企业与贫困地区天然气相关的前向联系系数；L_{hi} 表示用户链上的第 i 个企业与贫困地区天然气相关的后向联系系数。

6.6 天然气对贫困地区环境保护贡献评价指标体系①

可持续发展已经成为我国经济发展的一种趋势，贫困地区经济可持续发展是指经济、社会、资源、生态环境持续协调的发展。有资料显示，我国能源使用排放的二氧化碳约占国内各种温室气体总排放量的 80%，而且将随着能源消费量的增加而增加。我国大气污染主要是燃煤污染，长期以来，我国煤炭消费量一直占能源消费结构的 70%，大量燃煤是大气污染和酸沉降的主要原因。资料显示，我国大气排放物中 SO_2 的 90%、$C0_2$ 的 85%、N_2O 的 67%、烟尘的 70% 出于燃煤，足见其影响严重性。解决燃煤污染的措施除了研究使用洁净煤技术外，就是用无污染或低污染的优质能源替代煤炭，而天然气无疑是当前解决燃煤污染的现实选择之一。

天然气作为一种清洁能源，对贫困地区经济可持续发展的贡献主要表现在对生态环境的保护作用和能源接替作用。作为天然气生产和存储的集中地区，四川天然气的开发和使用在全国占有极其重要的地位，与此同时，天然气的使用也必将对环境带来巨大的改善。

天然气替代燃煤以及天然气替代汽油对大气污染减少的程度，可以反映出天然气对生态环境的保护程度。

（1）贫困地区天然气利用的环境效益总体评价思路

天然气利用所产生的环境效益表现在以下几方面：一是通过改善大气质量而间接对人体健康带来的效益，可以通过对城市空气中总悬浮微粒指标的减少等方法进行量化；二是通过改善大气质量、减少污染排放对农作物和林业的经济贡献，可以通过计算天然气替代城市用煤所产生的环境效益来反映；三是通过改善大气质量和控制污染排放对减少设备、建构筑物维修更改费用带来的效益；四是改善环境质量为人们增添生活愉悦带来的效益。由于后两项效益目前难以量化，本书在统计上暂不考虑此指标带来的环境效益。

---

① 邱晓华．西南油气田天然气对国民经济评价贡献研究［M］．北京：中国统计出版社，2005.

本书依据世界银行对中国环境的研究方法及结果，结合四川贫困地区的能源消费实际，以空气中总悬浮颗粒的减少、大气质量的提高等为评价内容，分别就四川贫困地区使用天然气作燃料替代煤，对大气环境的贡献值和对农作物及林业的经济贡献值进行评价。

（2）改善大气质量对人体健康贡献评价指标体系

①评估身体健康经济价值基本方法借鉴。根据世界银行公布的中国城市大气污染（颗粒物和二氧化硫浓度）与死亡率以及一些发病率（如医院门诊率和急救病例等）之间的关系，即剂量—效应函数。剂量—效应函数被标准化为大气环境中细微颗粒物（PMl0）浓度每增加 1 微克/立方米每百万人中的额外死亡数、病例或天数等。PM10 与总悬浮颗粒（TSP）的关系为：

0.6 微克/立方米 PM10 = 1 微克/立方米 TSP

评估身体健康的经济价值两种方法的比较：人力资本法和支付意愿法。

人力资本法：在中国现行条件下，人力资本法估价的只是由于死亡和疾病影响造成的工资损失（折扣后）及医疗支出，它是以评价一般物质资本的标准来度量生命和健康的损失，显然是偏低的。

支付意愿法：支付意愿法是在市场条件下评估生命及健康的价值，它包含了人们为降低伤残及健康危险所采取的各种方式（如火警器、安全带等）及人们为降低某种风险愿意支付的资金（如寿命、健康与乘飞机的保险等）。

随着环境经济学的不断进步，支付意愿法已成为评估生命与健康价值的较合理的方法。因此，本书采用支付意愿法。

②总悬浮颗粒减少对大气环境贡献价值计算。根据大气环境污染的经济价值计算方法，可以粗略算出某一城市或地区天然气顶替燃煤后，衍生出的环境经济价值。

参考世界银行的环境价值评估方法，总悬浮颗粒减少对大气环境的贡献价值可以通过天然气替代燃煤在环境改善方面对人身体健康产生的经济价值来计算，其计算公式为：

$$G_{xl} = \frac{RJ_h}{GQ_d} \tag{6-19}$$

式中：G_{xl}表示总悬浮颗粒减少对大气环境的贡献价值（元/千立方米）；RJ_h表示环境改善对人身体健康的经济价值；GQ_d 表示地区天然气燃料气量。

上式中，环境改善对人身体健康的经济价值 RJ_h 可通过地区居民因环境改善愿意支付的总费用测算，即：

$$RJ_h = HF_z \times R_d \tag{6-20}$$

式中：HF_z 表示用支付意愿法计算的贫困地区居民因环境改善愿意支付的总费用或经济价值（万元/每百万人）；R_d 表示该地区居民总人口数（百万人）。

③ SO_2 减少对大气环境贡献价值计算。SO_2 减少对大气环境的贡献价值可以通过使用天然气作燃料在环境改善方面对人身体健康产生的经济价值来计算，其计算公式为：

$$G_{so} = \frac{RJ_{so}}{GO_d} \tag{6-21}$$

式中：G_{so}表示 SO_2 减少对大气环境的贡献价值（元/千立方米）；RJ_{so}表示减少的 SO_2 排放对居民身体健康的经济价值；GQ_d 表示贫困地区天然气燃料气量。

减少的 SO_2 排放对人民健康的经济价值 RJ_{so}，通过地区居民按支付意愿法的生命价值与因减少的 SO_2 排放可减少死亡人数的乘积测算，见下式：

$$RJ_{so} = SJ_z \times RS_d \tag{6-22}$$

式中：SJ_z 表示支付意愿法生命价值；RS_d 表示可减少死亡人数。

SJ_z 与前 4－2 计算方法相似，计算一般采用统计与计算结合的方法进行评估，同时参考世界银行的环境价值评估结果。

④天然气改善大气质量对人身体健康经济贡献总体评价。鉴于其他指标的特殊性和统计的难度，通过改善大气质量和控制污染排放对减少设备、建构筑物维修更改费用带来的效益以及改善环境质量为人们增添生活愉悦带来的效益在本论文中不予考虑，天然气替代燃煤改善大气质量对人身体健康带来的经济贡献，可表示为总悬浮颗粒减少对大气环境的贡献价值与 SO_2 减少对大气环境的贡献价值之和，即：

$$G_{tmr} = G_{xl} + G_{so} = \frac{HF_z \times R_d + SJ_z \times RS_d}{GQ_d} \tag{6-23}$$

式中：G_{tmr}（元/千立方米）表示天然气替代燃煤改善大气质量对人身体健康的贡献。

（3）改善大气质量对农林等贡献评价指标体系

天然气作为能源代替煤对环境的作业除改善大气质量增进人体健康外，更大的贡献还在于减少硫沉降对农作物、林业的伤害。

①减少硫沉降对农作物和林业的影响。四川地区是全国少有的几个受酸雨严重影响的地区之一。有效减少四川地区严重酸雨效应的手段之一是用天然气替代煤炭在一次能源消费中的比例。根据煤用天然气替代，减少硫沉降对农作物和林业的损失可由下式计算：

$$NL_{tms} = SJ_{nl} \times S'_{tm} \quad (6-24)$$

式中：NL_{tms}表示天然气替代煤减少硫沉降对农作物和林业的损失；SJ_{nl}表示当年对农作物和林业的损失价值；S'_{tm}表示天然气替代煤使硫沉降减少率。

其中，当年硫沉降对农作物和林业的损失价值可根据有关统计资料计算。天然气替代煤使硫沉降减少率可通过下式计算：

$$S'_{tm} = \frac{S_{tmj}}{S_d} \times 100\% \quad (6-25)$$

式中：S_{tmj}表示天然气替代煤使年度硫沉降减少量；S_d 表示某地年度硫沉降量。

②天然气对农作物和林业贡献价值计算。根据天然气替代煤减少硫沉降对农作物和林业的损失、当年对农作物和林业的损失价值、天然气替代煤使硫沉降减少率等，可计算天然气替代煤后对农作物和林业的贡献价值，见下式：

$$G_{nl} = \frac{NL_{tms}}{T_{tm}} \quad (6-26)$$

式中：G_{nl}（元/千立方米）表示天然气对农作物和林业的贡献价值；T_{tm}表示天然气替代原煤的体积。

6.7 天然气对经济发展贡献综合评价数学模型

对四川天然气产业链在贫困地区经济发展带动中的经济、社会、环境三个方面的贡献进行综合评价，必须借助于一定的统计学软件来进行。按照本书所涉及的内容，按照统计学的基本要求，主要采用主成分分析方法对贫困地区天然气对贫困地区经济的贡献进行综合评价。

（1）主成分分析基本原理①

①主成分分析定义。主成分分析就是设法将原来指标重新组合成一组新的互相无关的几个综合指标来代替原来指标，同时根据实际需要从中选取较少的几个综合指标（主成分），以尽可能多地反映原来指标的信息。我们通过主成分方法寻找出能够反映贫困地区天然气对经济、社会、环境的贡献的主成分，并且以各个主成分的方差贡献率为权重，根据综合评价函数计算得到一个综合得分，综合反映贫困地区天然气对贫困地区经济的贡献。

---

① http：//wiki. mbalib. com/wiki：主成分分析.

由于贫困地区天然气产业对经济、社会、环境的贡献的评价都由多个指标构成，因此，我们首先运用主成分分析方法分别计算贫困地区天然气对经济、社会、环境的贡献，得到对经济、社会、环境贡献的主成分。然后，再运用主成分分析方法对上一步计算得到的主成分来计算各个主成分的方差贡献率，通过构造综合评价函数，计算得到贫困地区天然气产业对贫困地区经济的总贡献。

②主成分分析基本原理。主成分分析就是设法将原来众多具有一定相关性的指标（比如 p 个指标），重新组合成一组新的相互无关的综合指标来代替原来指标。通常数学上的处理就是将原来 p 个指标作线性组合，作为新的综合指标。在众多的线性组合中选取尽可能多地反映原来指标信息的线性组合作为第一个综合指标记为 F_1。反映信息量的多少可以用变量的方差的大小来表示，方差大的反映的信息量大。因此，在所有的线性组合中所选取的 F_1 应该是方差最大的，故称为第一主成分。如果第一主成分不足以代表原来 p 个指标的信息，再考虑选取 F_2，即选第二个线性组合。为了有效地反映原来信息，F_1 已有的信息就不需要再出现在 F_2 中，也就是说 F_1 和 F_2 是不相关的。依次类推可以找出第三，第四，……，第 p 个主成分。这些主成分之间不仅不相关，而且它们的方差依次递减。

（2）主成分分析数学模型①

①数学模型——主成分分析资料阵。设有 n 个样品，每个样本观测 p 项指标（变量）：X_1，X_2，…，X_p，得到原始数据资料阵：

$$X = \begin{bmatrix} x_{11} & x_{12} & \cdots & x_{1p} \\ x_{21} & x_{22} & \cdots & x_{2p} \\ \vdots & \vdots & \vdots & \vdots \\ x_{n1} & x_{n2} & \cdots & x_{np} \end{bmatrix} \triangleq (X_1, X_2, \cdots, X_p) \tag{6-27}$$

其中

$$X_i = \begin{bmatrix} x_{1i} \\ x_{2i} \\ \vdots \\ x_{ni} \end{bmatrix} \qquad i = 1, \cdots, p$$

用数据矩阵 X 的 p 个向量（即 p 个指标向量）X_1，…，X_p 作线性组合

① 吴亚非，李科. 基于SPSS的主成分分析法在评价体系中的应用［J］. 当代经济，2009（2）.

（即综合指标向量）为：

$$\begin{cases} F_1 = a_{11}X_1 + a_{21}X_2 + \cdots + a_{p1}X_p \\ F_2 = a_{12}X_1 + a_{22}X_2 + \cdots + a_{p2}X_p \\ \cdots \\ F_p = a_{1p}X_1 + a_{2p}X_2 + \cdots + a_{pp}X_p \end{cases} \tag{6-28}$$

简写成

$$F_i = a_{1i}X_1 + a_{2i}X_2 + \cdots + a_{pi}X_p \qquad i=1,\ \cdots,\ p$$

（注意：X_i 是 n 维向量，所以 F_i 也是 n 维向量）

上述方程组要求：

$$a_{1i}^2 + a_{2i}^2 + \cdots + a_{pi}^2 = 1 \qquad i=1,\ \cdots,\ p \tag{6-29}$$

②资料阵系数确定原则。主成分分析资料阵系数 a_{ij} 由下列原则决定：

F_i 与 F_j（$i \neq j$，i，j=1，…，p）不相关；

F_1 是 X_1，…，X_p 的一切线性组合（系数满足上述方程组）中方差最大的，F_2 是与 F_1 不相关的 X_1，…，X_p 的一切线性组合中方差最大的，…，F_p 是与 F_1，F_2，…，F_{p-1} 都不相关的 X_1，…，X_p 的一切线性组合中方差最大的。

每个方程式中的系数向量（a_{1i}，a_{2i}，…，a_{pi}），i=1，…，p 是 X 的协差阵的特征值所对应的特征向量。

（3）主成分分析计算步骤

第一步，将原始数据标准化。

对于任何一个观测变量都进行标准化变换，变为标准化变量。标准化的变换公式为 $z = \frac{x - \bar{x}}{\sigma_x}$（$\bar{x}$ 为 x 的均值，σ_x 为 x 的标准差），标准化变换并不改变变量之间的相关系数。

第二步，建立变量相关系数矩阵。

标准化变量的相关系数矩阵和协差阵是相同的，因此可以通过建立变量的相关系数矩阵来计算相应的特征值和特征向量。

$$R = (r_{ij})_{pxp} \tag{6-30}$$

第三步，求 R 特征根 $\lambda_1 \geqslant \lambda_2 \geqslant \cdots \geqslant \lambda p > 0$ 及相应单位特征向量。

$$a_1 = \begin{bmatrix} a_{11} \\ a_{21} \\ \vdots \\ x_{p1} \end{bmatrix}, \qquad a_2 = \begin{bmatrix} a_{12} \\ a_{22} \\ \vdots \\ x_{p2} \end{bmatrix}, \qquad \cdots, \qquad a_p = \begin{bmatrix} a_{1p} \\ a_{2p} \\ \vdots \\ x_{pp} \end{bmatrix} \tag{6-31}$$

第四步，写出主成分，计算综合指标数值。

$$F_i = a_{1i}X_1 + a_{2i}X_2 + \cdots + a_{pi}X_p \qquad i = 1, \cdots, p \tag{6-32}$$

（4）构造综合评价函数

运用主成分分析得出综合指标的数值，以每个主成分的方差贡献率为权重来构造一个综合评价函数。

$$y = \alpha_1 F_1 + \alpha_2 F_2 + \cdots + \alpha_m F_m \tag{6-33}$$

y 也称为评估指数。依据对每个系统计算出的 y 值大小进行排序比较。

其中，α_i 表示第 i 个主成分的方差贡献率，即

$$\alpha_i = \frac{\lambda_i}{\sum_{i=1}^{p} \lambda_i} \tag{6-34}$$

第7章　四川N贫困地区天然气开发对经济发展带动的实证分析[①]

7.1　N贫困地区基本情况分析

本书中所实证分析的四川N贫困地区位于中国西部，四川东北部，是典型的革命老区。该地区基础设施差，瓶颈制约仍然突出；支柱产业和骨干企业缺乏，产业层次低，经济总量小；地方财力薄弱，基础设施建设和公共公益事业投入不足；秋季多雨，冬季多雾，霜、雪较少，降水时空分布差异较大，常有夏伏旱、秋霪雨及风、雹等灾害性天气发生。贫困人口多，扶贫开发任务十分艰巨；改革发展面临诸多矛盾和问题，发展软环境有待进一步改善。

近年来，该地区境内基本形成了以食品饮料、冶金、建材、能源为支柱的工业格局，交通、通信、市政等基础设施不断完善，为能源的跨越发展奠定了基础。据2009年最新统计数据表明：该地区有可供开采的矿产主要有煤炭、铁矿、铜矿、金矿、大理石、花岗石、霞石矿、石灰矿、石黑矿、天然气等29种，其中煤炭储量6190万吨，磁铁矿8355万吨，天然气1100亿立方米，霞石矿2100万吨，花岗石10亿立方米全市水能资源理论蕴藏量81.24万千瓦，技术可开发量41.7万千瓦，经济可开发量40.32万千瓦，极具开发潜力。

加快该地区构造带天然气等能源的开发是该地区经济发展的重要方针和策略。预计到2010年，该地区天然气生产能力达到21亿立方米，年产天然气15亿立方米；规划建设30万吨合成氨项目，适时建设天然气调峰电站，不断提高全市能源供应的调峰调节能力。全市沼气池达到20万口以上，占适宜农户的

① 本章的所有原始数据来自于四川N贫困地区天然气管理办公司及天然气企业财务科、计划科、工程科、销售科等相关业务部门。

40%。推广使用节能气饭煲、沼气灯、热水器等。煤炭产量达到 150 万吨/年，2020 年煤炭产量达到 180 万吨/年。继续加强城市及农村电网建设与改造，主要抓好 220 千伏双回路和配套的 110 千伏、35 千伏输变电站设施建设，形成结构合理的 220 千伏、110 千伏、35 千伏输变电系统。

贫困地区天然气开发对地区经济发展具有巨大的促进作用。本章通过选取四川某天然气发展重要的地区，运用前面的经济贡献计算方式和评价模型，对四川贫困地区天然气开发对地区经济发展带动的贡献进行实证研究。因企业之间市场竞争的需要，企业的经营数据为本企业的绝对机密，按照调查单位的要求，本书选取的四川贫困地区天然气的经营情况均隐去了单位及区域的名字，以 N 贫困地区来代替，以达到实证分析天然气对贫困地区经济带动的目的。

7.2 天然气开发对经济发展直接贡献的实证分析

天然气对地方经济发展的直接贡献主要是通过贫困地区天然气产业链企业创造的增加值来表示，其主要指标包括：天然气产业链创造的增加值、天然气产业链创造的增加值对地区 GDP 的贡献、天然气产业链创造的增加值对地区经济增长的贡献、天然气产业链创造的增加值对地区经济增长的贡献率。

7.2.1 天然气主营业务链创造的增加值

（1）天然气主营业务链增加值计算

①主营业务链工业总产值。天然气主营业务链的工业总产值包括天然气工业总产值、炼油工业总产值、天然气化工工业总产值、原油工业总产值、其他工业总产值。其主营业务链全年工业总产值为主营业务链各部分的工业总产值之和。

由于该地区属于县级地区，除天然气外，原油、炼油、化工等企业都没有，所以数据相对比较简单（见表 7－1）。

表 7-1　　N 贫困地区天然气主营业务链年工业总产值　　单位：万元

年份	合计	按行业划分的工业总产值				
		天然气	原油	炼油	化工	其他
2004	1060	1060	0	0	0	0
2005	2100	2100	0	0	0	0
2006	4080	4080	0	0	0	0
2007	5140	5140	0	0	0	0
2008	8030	8030	0	0	0	0

②天然气主营业务链创造的增加值。根据对某地区的统计数据，天然气主营业务链增加值按现行价计算，按照生产法计算工业总产出、工业增加值等，天然气主营业务链增加值按工业总产出扣除中间投入，加上应交增值税为工业增加值（见表 7-2）。

表 7-2　　N 贫困地区天然气主营业务链增加值　　单位：万元

	合计	2004 年	2005 年	2006 年	2007 年	2008 年
总产出	20 410	1060	2100	4080	5140	8030
工业中间投入	4490	570	840	970	950	1160
增值税	1870	260	350	380	420	460
增加值	17 790	750	1610	3490	4610	7330

（2）天然气技术服务作业链增加值计算

①技术服务作业链创造的相关增加值。技术服务链通过关联交易等方式为天然气企业提供技术服务，其业务包括提供地质勘探、钻井勘探与开发、钻井工程技术与工艺服务、测井、井下作业、修井作业、天然气管道建设、物质及运输保障以及生活服务等，根据其与天然气企业的依存程度计算其相关增加值（按现行价计算）（见表 7-3）。

表 7-3　　N 贫困地区天然气技术服务作业链增加值　　单位：万元

	合计	2004 年	2005 年	2006 年	2007 年	2008 年
总产出	3690	250	560	830	970	1080
中间投入	1870	120	330	410	450	560
应交增值税	1132	32	180	250	280	390

表7－3(续)

	合计	2004 年	2005 年	2006 年	2007 年	2008 年
企业增加值	2952	162	410	670	800	910

②技术服务链前向联系系数。技术服务链与天然气相关的增加值通过该企业前向联系系数计算。前向联系系数是指天然气公司接受与天然气相关企业提供的技术服务作业，用某技术服务企业为天然气企业提供的产品和服务占该企业全部产品和技术服务的比重来表示（见表7－4）。

表7－4　N贫困地区技术服务链与天然气企业前向联系系数　单位：万元

	2004 年	2005 年	2006 年	2007 年	2008 年
主营业务收入	200	300	400	500	570
关联交易收入	50	60	70	80	100
前向联系系数（%）	0. 25	0. 2	0. 175	0. 16	0. 175

③天然气技术服务作业链与天然气相关的增加值。根据表7－3和表7－4的数据，我们可以计算整个技术服务链为该地区天然气企业提供产品和技术服务产生的与天然气相关的增加值，其计算结果情况见表7－5。

表7－5　N贫困地区通过天然气企业技术服务链创造的增加值　单位：万元

	2004 年	2005 年	2006 年	2007 年	2008 年
企业增加值	162	410	670	800	910
前向联系系数（%）	0. 25	0. 2	0. 175	0. 16	0. 175
与天然气相关的增加值	40. 5	82	117. 3	128	159. 3

（3）天然气用户生产链增加值计算

①用户生产链增加值。天然气用户生产链增加值的计算根据用户对天然气及其产品依赖程度来确定，其增加值应计入与天然气相关的增加值。本书对天然气用户进行了现场调研和电话调研，调研结果情况见表7－6、表7－7、表7－8。

表 7－6　　N 贫困地区天然气用户生产企业情况统计表

序号	企业类型	企业数量
1	建材	1
2	燃气公司	1
3	CNG	1
4	配气站	1

表 7－7　　N 贫困地区天然气用户生产企业生产总值　　单位：万元

	2004 年	2005 年	2006 年	2007 年	2008 年
合计	4170	4600	5050	5300	5700
民用商用	1800	2000	2200	2300	2500
建材	2000	2200	2400	2500	2600
汽车加汽与 CNG	370	400	450	500	600

表 7－8　　N 贫困地区天然气用户生产企业购买天然气数量 单位：万立方米

	2004 年	2005 年	2006 年	2007 年	2008 年
合计	9400	10 000	11 600	13 300	14 500
民用商用	900	1000	1100	1300	1500
建材	6500	7000	7500	8500	9000
汽车加汽与 CNG	2000	2000	3000	3500	4000

②用户生产链后向联系系数。后向联系系数指某天然气用户企业为获得天然气及其产品支付给天然气公司或企业的费用总额占该企业全年经营成本总额的比重表示，根据实地走访调研，各企业与天然气公司的后向联系系数见表 7－9。

表 7－9　　天然气用户生产企业与天然气公司后向联系系数

		2004 年	2005 年	2006 年	2007 年	2008 年
前向联系系数（%）	民用商用	0. 12	0．16	0. 21	0. 25	026
	建材	0. 23	0. 35	0. 46	0. 42	0. 45
	汽车加汽与 CNG	0. 62	0. 65	0. 73	0. 74	0. 67

③天然气用户生产链与天然气相关的增加值。某用户企业与天然气相关的企业增加值用该企业增加值与后向联系系数的乘积来表示，整个用户企业生产链与天然气相关的增加值用各用户企业与天然气相关的增加值的综合表示（见表7-10）。

表7-10　　N贫困地区天然气用户生产链增加值　　单位：万元

		合计	2004年	2005年	2006年	2007年	2008年
民用商用	总产出	10 800	1800	2000	2200	2300	2500
	中间投入	5430	870	930	1050	1220	1360
	应交增值税	1288.8	223.2	256.8	276.0	259.2	273.6
	增加值	6658.8	1153.2	1326.8	1426	1339.2	1413.6
建材	总产出	11 700	2000	2200	2400	2500	2600
	中间投入	5315	920	980	1050	1160	1205
	应交增值税	1532.4	259.2	292.8	324.0	321.6	334.8
	增加值	7917.4	1339.2	1512.8	1674	1661.6	1729.8
汽车加汽与CNG	总产出	2320	370	400	450	500	600
	中间投入	1223	190	210	235	268	320
	应交增值税	263.28	43.2	45.6	51.6	55.68	67.2
	增加值	1360.28	223.2	235.6	266.6	287.68	347.2

7.2.2　天然气产业链创造的增加值

（1）天然气产业链创造的增加值

天然气创造的增加值是天然气产业链上与天然气相关的各企业所创造的产业增加值的总和，具体包括：主营产业链、技术服务链和用户生产链三者的总和（见表7-11）。

表7-11　　N贫困地区天然气产业链创造的增加值　　单位：万元

	2004年	2005年	2006年	2007年	2008年
主营业务链增加值	750	1610	3490	4610	7330
技术服务链增加值	40.5	82	117.3	128	159.3
用户生产链增加值	2715.6	3075.2	3366.6	3288.48	3490.6
合计	3506.1	4767.2	6973.9	8026.48	10 979.9

(2) 每万立方米天然气在不同行业创造的增加值

每万立方米天然气在不同行业创造的增加值是对每单位天然气对行业、产业贡献的衡量方法之一，用某年各行业天然气创造的增加值与行业在当年对天然气的购买量相比来表示（见表7－12）。

表7－12　N贫困地区每万立方米天然气在不同行业创造的增加值　单位：万元

行业	指 标	2004年	2005年	2006年	2007年	2008年
民用商用	增加值	1153.2	1326.8	1426	1339.2	1413.6
	购买数量	900	1000	1100	1300	1500
	万元/万立方米	1.28	1.33	1.30	1.03	0.94
建材增加值	增加值	1339.2	1512.8	1674	1661.6	1729.8
	购买数量	6500	7000	7500	8500	9000
	万元/万立方米	0.21	0.22	0.22	0.20	0.19
汽车加汽与CNG增加值	增加值	223.2	235.6	266.6	287.68	347.2
	购买数量	2000	2000	3000	3500	4000
	万元/万立方米	0.11	0.12	0.09	0.08	0.09

7.2.3　天然气产业链创造的增加值对GDP的贡献

天然气产业链创造的增加值对贫困地区GDP的贡献主要通过天然气产业链创造的增加值总和占贫困地区GDP的比重来反映（见表7－13）。

表7－13　N贫困地区天然气产业链增加值占地区GDP比重　单位：万元

	2004年	2005年	2006年	2007年	2008年
主营业务链增加值	750	1610	3490	4610	7330
技术服务链增加值	40.5	82	117.3	128	159.3
用户生产链增加值	2715.6	3075.2	3366.6	3288.48	3490.6
产业链增加值合计	3506.1	4767.2	6973.9	8026.48	10 979.9
地区GDP	39 842.0	56 084.7	84 022.9	93 331.2	133 901.2
产业链增加值占地区GDP的比重（%）	8.8	8.5	8.3	8.6	8.2

7.2.4 天然气产业链创造的增加值对经济增长的贡献

天然气产业链增加值对地区经济增长的贡献是一个衡定天然气对地区经济发展贡献的绝对指标，其计算是通过产业链增加值增量与地区上年 GDP 的比值来认定和衡量的。具体计算情况见表 7-14。

表 7-14　N 贫困地区天然气产业链增加值对经济增长的贡献　单位：万元

	2004 年	2005 年	2006 年	2007 年	2008 年
产业链增加值	3506.1	4767.2	6973.9	8026.48	10 979.9
产业链增加值增量	978.3	1261.1	2206.7	1052.58	2953.42
地区 GDP	39 842.0	56 084.7	84 022.9	93 331.2	133 901.2
地区 GDP 增长率（%）	35.4	40.7	49.8	11.07	43.4
产业链增加值对地区 GDP 的贡献（%）	3.3	3.1	3.9	1.2	3.1

7.2.5 天然气产业链创造的增加值对经济增长的贡献率

天然气产业链创造的增加值对贫困地区经济增长的贡献率是一个发展性指标，也是衡定天然气对地区经济发展贡献的相对指标，其计算是通过产业链增加值增量与地区 GDP 的增量的比值来认定和衡量的。具体计算情况见表 7-15。

表 7-15　N 贫困地区天然气产业链对经济增长贡献率　单位：万元

	2004 年	2005 年	2006 年	2007 年	2008 年
产业链增加值	3506.1	4767.2	6973.9	8026.48	10 979.9
产业链增加值增量	978.3	1261.1	2206.7	1052.58	2953.42
地区 GDP	39 842.0	56 084.7	84 022.9	93 331.2	133 901.2
地区 GDP 增量	10 416.6	16 242.7	27 938.2	9308.3	40 570
产业链增加值对地区经济增长贡献率（%）	9.3	7.8	7.9	11.3	7.3

7.3　天然气对经济发展社会贡献的实证分析

7.3.1　天然气产业链对经济发展的社会贡献率

（1）天然气主营业务链社会贡献总额

天然气主营业务链的社会贡献总额包括工资、劳保退休统筹及其他社会福利支出、利息支出、生产税净额、净利润等（见表7－16）。

表7－16　　N贫困地区天然气主营业务链社会贡献总额　　单位：万元

		2004年	2005年	2006年	2007年	2008年
工资总额		200	250	300	350	400
工资附加费		70	80	100	120	200
社会保险	养老保险	56	70	84	98	112
	医疗保险	16	20	24	28	32
	失业保险	6	7.5	9	10.5	12
其他福利支出		20	25	30	40	60
利息支出		20	30	40	50	60
生产税净额		15	20	25	30	40
净利润		30	35	45	50	60
社会贡献总额		433	537.5	657	776.5	976

（2）技术服务链与天然气企业相关的社会贡献总额

与天然气主营业务链一样，天然气技术产业链的社会贡献总额也包括工资、劳保退休统筹及其他社会福利支出、利息支出、生产税净额、净利润等（见表7－17）。

表7－17　　N贫困地区天然气技术服务链社会贡献总额　　单位：万元

	2004年	2005年	2006年	2007年	2008年
工资总额	1000	1500	2000	2500	3000
工资附加费	200	300	500	700	800

表7－17(续)

		2004 年	2005 年	2006 年	2007 年	2008 年
社会保险	养老保险	280	300	580	630	700
	医疗保险	80	120	160	200	240
	失业保险	30	45	60	75	90
其他福利支出		200	400	400	450	500
利息支出		35	50	70	80	90
生产税净额		60	100	150	200	300
净利润		60	80	100	270	350
社会贡献总额		1945	2895	4020	5105	6070

（3）用户生产链与天然气企业相关的社会贡献率

天然气用户生产链的社会贡献总额包括工资、劳保退休统筹及其他社会福利支出、利息支出、生产税净额、净利润等（见表7－18）。

表7－18　N贫困地区天然气用户生产链企业社会贡献总额　单位：万元

		2004 年	2005 年	2006 年	2007 年	2008 年
工资总额		500	600	650	700	750
工资附加费		50	60	65	70	75
社会保险	养老保险	100	120	130	135	200
	医疗保险	40	48	52	56	60
	失业保险	15	18	19.5	21	22.5
其他福利支出		20	20	25	25	30
利息支出		30	25	30	35	40
生产税净额		20	25	30	35	37
净利润		40	45	47	50	60
社会贡献总额		815	961	1048.5	1127	1274.5

（4）天然气产业链社会贡献率

天然气对地区的社会贡献率通过主营业务链、技术服务作业链、用户生产链三大部分对社会贡献总额与地区所有社会贡献总额来反映。其计算方式是三大部分社会贡献总额的合计占该地区社会贡献总额的比例（见表7－19）。

表 7－19　　N 贫困地区天然气产业链社会贡献率　　单位：万元

	2004 年	2005 年	2006 年	2007 年	2008 年
主营业务链社会贡献总额	433	537.5	657	776.5	976
技术服务作业链社会贡献总额	1945	2895	4020	5105	6070
用户生产链社会贡献总额	815	961	1048.5	1127	1274.5
合计	3193	4393.5	5725.5	7008.5	8320.5
地区社会贡献总额	28 765.8	35 148	42 099.3	51 533.1	57 382.8
天然气产业链社会贡献率(%)	11.1	12.5	13.6	13.6	14.5

7.3.2　天然气产业链对居民收入的贡献

天然气产业链对居民的收入贡献主要是通过产业链（包括主营产业链、技术服务产业链和用户生产链）上职工的所有收入总和占地区居民总收入的比例来进行认定的（见表 7－20）。

表 7－20　　N 贫困地区天然气产业链对居民收入实际贡献　　单位：万元

		2004 年	2005 年	2006 年	2007 年	2008 年
工资总额		1700	2350	2950	3550	4150
工资附加费		320	440	665	890	1075
社会保险	养老保险	436	490	794	863	1012
	医疗保险	136	188	236	284	332
	失业保险	51	70.5	88.5	106.5	124.5
其他福利支出		240	445	455	515	590
利息支出		85	105	140	165	190
生产税净额		95	145	205	265	377
净利润		130	160	192	370	470
产业链汇总		3193	4393.5	5725.5	7008.5	8320.5
地区收入总额		61 168.6	99 852.3	12 611.2	15 302.4	17 370.6
对居民收入的实际贡献率（%）		5.22	4.40	4.54	4.58	4.79

7.3.3　天然气产业链对地方财政收入的贡献

天然气对地区财政收入的贡献主要通过天然气产业链在生产过程中所创造

的增值税总和占地区增值税的比例来表示的（见表 7－21）。

表 7－21　　N 贫困地区天然气产业链对地区财政收入实际贡献　　单位：万元

	2004 年	2005 年	2006 年	2007 年	2008 年
主营业务链增值税	260	350	380	420	460
技术服务作业链增值税	32	180	250	280	390
用户生产链增值税	525.6	595.2	651.6	636.48	675.6
合计	817.6	1125.2	1281.6	1336.5	1525.6
地区增值税收入	3666.4	4935.1	5524.1	5687.2	6437.1
天然气产业链对地区财政收入的贡献率（%）	22.3	22.8	23.2	23.5	23.7

7.3.4　天然气产业链为社会提供就业贡献

天然气对地区经济的社会贡献除对居民收入、财政贡献外，还包括天然气产业链为社会提供就业岗位所做出的贡献。该指标通过企业年末职工人数占地区年末职工人数总和的比例来表示（见表 7－22）。

表 7－22　　N 贫困地区天然气产业链为社会提供的就业贡献　　单位：万人

	2004 年	2005 年	2006 年	2007 年	2008 年
主营业务链企业职工人数	0.7	0.8	1	1.2	2
技术服务作业链企业职工人数	0.1	0.2	0.3	0.4	0.5
用户生产链企业职工人数	1	1.5	1.6	1.7	1.8
合计	1.8	2.5	2.9	3.3	4.3
地区职工人数	10.5	14.4	17.6	22.8	30.1
对地区就业的贡献率（%）	17.2	17.4	16.5	14.5	14.3

7.4　天然气对环境保护贡献的实证分析

国民经济的可持续发展是指经济、社会、资源、生态环境的持续协调发展。天然气作为一种洁净、高效的能源，其可持续发展主要表现为对生态环境的保护作用和能源接替作用。

7.4.1 改善大气质量对人体健康的贡献

根据大气环境污染的经济价值计算方法，可以粗略地计算出某一城市或地区天然气顶替燃煤后，衍生出的环境经济价值。按世界银行的环境价值评估，大气质量对人体健康的贡献主要是通过总悬浮颗粒减少对大气环境的贡献价值和 SO_2 减少对大气环境的贡献价值来表示。

（1）总悬浮颗粒减少对大气环境的贡献价值

有数据表明：使用天然气可以使大气中总悬浮颗粒排放量减少约 14.94 微克/立方米，合减少 PM108.97 微克/立方米。按照这样的计算，贫困地区天然气使用后对每千立方米天然气减少总悬浮颗粒带来的贡献见表 7－23。

表 7－23　　每千立方米天然气减少总悬浮颗粒带来的贡献

	2004 年	2005 年	2006 年	2007 年	2008 年
贫困地区人均可支配收入(元)	7359.42	8673.6	9485.9	10 001.12	10 070.12
成都地区人均可支配收入(元)	9641	10 310	10 979	11 699	12 090
贫困地区与成都地区人均可支配收入之比	0.76	0.84	0.86	0.85	0.83
成都地区天然气减少悬浮颗粒带来贡献（元/千立方米）	1779.71	1899.71	2023.21	2160.66	2313.29
贫困地区天然气减少悬浮颗粒带来贡献（元/千立方米）	1358.53	1598.18	1748.06	1847.08	1926.81

（2）SO_2 减少对大气环境的贡献

有数据表明：使用天然气代替煤可以使大气中 SO_2 含量减少约 8.11 微克/立方米（煤的含硫量按 2% 计）。按照此计算方法，贫困地区天然气使用后对每千立方米天然气减少 SO_2 含量带来的贡献见表 7－24。

表 7－24　　每千立方米天然气减少二氧化硫带来的贡献

	2004 年	2005 年	2006 年	2007 年	2008 年
贫困地区人均可支配收入（元）	7359.42	8673.6	9485.9	10 001.12	10 070.12
成都地区人均可支配收入（元）	9641	10 310	10 979	11 699	12 090
贫困地区与成都地区人均可支配收入之比	0.76	0.84	0.86	0.85	0.83
成都地区天然气减少 SO_2 带来的贡献（元/千立方米）	434.12	465.34	501.78	564.28	612.19

表7－24(续)

	2004 年	2005 年	2006 年	2007 年	2008 年
贫困地区天然气减少 SO_2 带来的贡献（元/千立方米）	329.93	390.89	431.53	479.64	508.12

（3）天然气作燃料使用对改善空气质量的总贡献

天然气作燃料使用对改善空气质量的总贡献是天然气作燃料后使大气中总悬浮颗粒排放量减少和大气中 SO_2 含量减少的总和。根据 N 贫困地区天然气的使用量，其计算结果情况见表 7－25。

表 7－25　　天然气作燃料使用对改善空气质量的总贡献

	2004 年	2005 年	2006 年	2007 年	2008 年
用于燃料的天然气量（万立方米）	3000	4000	4500	5000	6305
贫困地区天然气减少悬浮颗粒带来贡献（元/千立方米）	1358.53	1598.18	1748.06	1847.08	1926.81
贫困地区天然气减少 SO_2 带来的贡献（元/千立方米）	329.93	390.89	431.53	479.64	508.12
贫困地区天然气对空气质量改善的贡献合计(元/千立方米)	1688.46	1989.07	2179.59	2326.72	2434.93
贫困地区天然气使用对空气质量改善的总贡献（万元）	5065.38	7956.28	9808.16	11 633.60	15 352.23

7.4.2　改善大气质量对农林的贡献

改善大气质量对地区农林的贡献主要包括使用天然气做燃料和使用天然气做原料对地区农林的总贡献，由于该地区属于经济贫困地区，自然条件相对比较落后，从该地区用户生产链的调研可以看出，天然气主要还是用于作燃料。所以，改善大气质量对地区农林的贡献仅考虑了作燃料的情况（见表 7－26）。

表 7－26　　天然气代替原煤作燃料对农作物和林业的贡献

	2004 年	2005 年	2006 年	2007 年	2008 年
用于燃料的天然气量（万立方米）	3000	4000	4500	5000	6305
对农作物和林业的贡献（元/千立方米）	91.02	91.02	91.02	91.02	91.02

表7－26（续）

	2004 年	2005 年	2006 年	2007 年	2008 年
贫困地区天然气使用对农作物和林业的贡献（万元）	273.06	364.08	409.59	455.1	573.89

7.4.3 天然气使用对环境的总贡献

天然气使用对地区环境的总贡献由改善空气质量的总贡献和对农作物及林业的贡献两大部分组成，其计算结果情况见表 7－27。

表 7－27 天然气使用对环境的总贡献 单位：万元

	2004 年	2005 年	2006 年	2007 年	2008 年
天然气作燃料对改善空气质量的贡献	5065.38	7956.28	9808.16	11 633.60	15 352.23
天然气作燃料对农作物和林业的贡献	273.06	364.08	409.59	455.1	573.89
天然气的使用对环境的总贡献	5338.44	8320.36	10217.75	12 088.7	15 926.12

7.5 天然气对经济发展综合贡献的实证分析

前面，本书从天然气对地区经济的直接贡献、社会贡献和环境贡献三个角度分析了天然气对地区经济带动的巨大贡献。在产业链对地区经济直接贡献分析中，主要从产业链增加值、产业链增加值占地区 GDP 的比重、产业链对地区 GDP 的贡献、产业链对地区 GDP 的贡献率四个角度进行了反映；在产业链对社会的贡献中，主要从社会贡献率、就业贡献、居民收入贡献以及对地方财政的贡献四个方面进行了反映；在产业链对环境的贡献中，主要从天然气替代煤对空气质量改善和对农林的贡献两个方面进行了反映。

由于天然气产业链对地区经济的直接贡献、社会贡献和环境贡献三者之间存在一定的相关性，在计算三者之间的贡献时必然存在信息的重合和交叉性，因此，需要找出能够代表其他指标变化情况的指标来作为其代表性指标。为此，本书在写作的过程中采用了社会科学软件包 SPSS（Statistical Package for the Social Science）来进行计算。

7.5.1 天然气对经济发展直接贡献相关系数分析

在反映产业链增加值变化情况的四个指标中，三个相对指标量存在高度相关，绝对量指标则与相对量指标的相关关系较弱。由于相对量指标在年度之间变化相对稳定，没有反映出随年度的变化经济增长关系，因此在反映经济的层面我们选择了产业链增加值作为代表指标，具体计算结果情况见表7－28。

表7－28　　天然气对经济发展直接贡献相关系数表

相关系数	产业链增加值占地区GDP的比重	产业链增加值对地区GDP的贡献	产业链增加值对地区GDP的贡献率	产业链增加值
产业链增加值占地区GDP的比重	1	－0.732	0.786	－0.574
产业链增加值对地区GDP的贡献	－0.732	1	－0.905	－0.137
产业链增加值对地区GDP的贡献率	0.786	－0.905	1	－0.037
产业链增加值	－0.574	－0.137	－0.037	1

7.5.2 天然气对经济发展社会贡献相关系数分析

在反映产业链对地区社会贡献的四个指标中，社会贡献总额是增加值的一个主要组成部分，而对地方财政的收入和对地方工资总额是社会贡献的组成部分，由于前面已经考虑了产业链对经济增长的贡献，故在此不再重复计算。而就业与其他指标的相关程度较弱，可以反映出其独特的运动变化，因此选取就业指标作为反映社会贡献的代表指标。具体计算结果情况见表7－29。

表7－29　　天然气对经济发展社会贡献指标相关系数表

相关系数	社会贡献率	对就业的贡献	对地方财政的贡献	对居民收入的贡献
社会贡献率	1	－0.792	0.980	－0.523
对就业的贡献	－0.792	1	－0.887	0.08
对地方财政的贡献	0.980	－0.887	1	－0.468
对居民收入的贡献	－0.523	0.08	－0.468	1

7.5.3 天然气对经济发展环境贡献相关系数分析

反映产业链对环境的贡献中，产业链对环境的总贡献与其他两项指标高度相关，因此，在此选取产业链对环境的总贡献作为代表指标。具体计算结果情况见表7－30。

表7－30 天然气对经济发展环境贡献指标相关系数表

相关系数	对环境的总贡献	农林贡献	替代燃煤对空气质量的贡献
对环境的总贡献	1	0.999	1
农林贡献	0.999	1	0.999
替代燃煤对空气质量的贡献	1	0.999	1

7.5.4 天然气对经济发展综合贡献相关系数分析

对于以上选取的三个指标，首先运用主成分方法确定各指标的权重。通过因子旋转使得各因子分别在这三个指标上具有较大的因子负载，这样使得各个因子可以相对重要的代表一个指标，以该因子的贡献度作为该因子所代表的指标权重。具体计算结果情况见表7－31。

表7－31 天然气对经济发展综合贡献各指标权重表

	经济	就业	环境
主成分旋转后权重	0.7	0.2	0.1
专家权重	0.5	0.3	0.2
最终权重	0.6	0.25	0.15

在实际的调查过程中，取得了专家权重。专家权重与主成分旋转后的权重相成并进行标准化。

$$z = \frac{x - \bar{x}}{\sigma_x}$$

式中：$\bar{x}$ 表示 x 的均值；σ_x 表示 x 的标准差。对标准化后的数据进行加权后得到了综合得分，综合得分反映了产业链当年对经济、社会、环境的综合贡献。具体计算结果情况见表7－32。

表 7－32　　　　天然气对经济贡献各年度综合得分情况

年 份	经济（万元）	就业（万人）	环境（万元）	综合得分
2004	3506. 1	1. 8	5338. 44	36. 79
2005	4767. 2	2. 5	8320. 36	42. 61
2006	6973. 9	2. 9	10 217. 75	53. 05
2007	8026. 48	3. 3	12 088. 7	57. 99
2008	10 979. 9	4. 3	15 926. 12	66. 14

第8章 结论、创新与建议

8.1 结论

在气候变暖，全球经济逐渐复苏的复杂背景下，人们对环保和可持续发展日益达成共识，大力发展低碳经济正成为众多国家的战略选择，以低能耗、低污染、低排放为基础的低碳经济模式，洁净、高效新能源的开发及节能减排正成为各国经济发展的重点，实行“低碳”增长必将成为未来经济可持续发展的必由之路。

从近年四川天然气的开发历史及发展历程来看，四川天然气的开发为四川贫困地区经济的发展作出了极大的贡献。截至2009年统计最新数据表明，川渝地区获气田112个，油田5个，天然气探明地质储量1.49万亿立方米。中石油和中石化建成了6个油气区，形成了一系列适应川渝地区天然气勘探开发的配套技术。四川中石油和中石化两大公司担负着向四川、重庆、云南、贵州、湖北、湖南共计45家化肥厂，1000多家工业用户和1000多万户城市居民的供气重任。2008年，两大公司为五省一市供气170.4亿立方米。在发展目标方面，预期的目标是2010年天然气产量190亿~200亿立方米，2013年上产到300亿立方米，2015年产量达到400亿立方米。

8.1.1 天然气对经济发展带动评价指标体系的构建

（1）天然气对贫困地区经济发展直接贡献评价指标体系的构建。指标体系主要包括天然气产业链对贫困地区经济的直接贡献、贫困地区天然气产业链创造的增加值对GDP的贡献、贫困地区天然气对贫困地区经济增长的贡献、贫困地区天然气对贫困地区经济增长的贡献率。

（2）天然气产业链对贫困地区经济发展社会贡献评价指标体系的构建。

指标体系主要包括贫困地区天然气产业链对贫困地区经济的社会贡献率、贫困地区天然气产业链对居民收入的贡献、贫困地区天然气产业链对地方财政收入的贡献、贫困地区天然气产业链为社会提供的就业贡献率。

（3）天然气产业链对贫困地区环境保护贡献评价指标体系的构建。贫困地区天然气利用的环境效益总体评价思路；改善大气质量对人体健康的贡献评价指标体系的建立；改善大气质量对农林等的贡献评价指标体系的建立。

（4）天然气产业链对贫困地区经济发展贡献综合评价指标体系的构建。

8.1.2 N贫困地区天然气对经济发展带动贡献评价

（1）N贫困地区天然气产业链对经济发展直接贡献。

天然气产业链增加值：2004年，3506.1万元；2005年，4767.2万元；2006年，6973.9万元；2007年，8026.48万元；2008年，10 979.9万元。

天然气产业链对地区经济增长贡献率（%）：2005年，7.8；2006年，7.9；2007年，11.3；2008年，7.3。

（2）N贫困地区天然气产业链对经济发展社会贡献。

天然气产业链社会贡献率（%）：2004年，11.1；2005年，12.5；2006年，13.6；2007年，13.6；2008年，14.5。

天然气产业链对居民收入的实际贡献率（%）：2004年，5.22；2005年，4.40；2006年，4.54；2007年，4.58；2008年，4.79。

天然气产业链对地区财政收入的贡献率（%）：2004年，22.3；2005年，22.8；2006年，23.2；2007年，23.5；2008年，23.7。

天然气产业链对地区就业的贡献率（%）：2004年，17.2；2005年，17.4；2006年，16.5；2007年，14.5；2008年，14.3。

（3）N贫困地区天然气产业链对经济发展环境保护贡献。

贫困地区天然气使用对空气质量改善的总贡献（万元）：2004年，5065.38；2005年，7956.28；2006年，9808.16；2007年，11 633.60；2008年，15 352.23。

贫困地区天然气使用对农作物和林业的贡献（万元）：2004年，273.06；2005年，364.08；2006年，409.59；2007年，455.1；2008年，573.89。

天然气的使用对环境的总贡献（万元）：2004年，5338.44；2005年，8320.36；2006年，10 217.75；2007年，12 088.7；2008年，15 926.12。

（4）N贫困地区天然气产业链对经济发展总贡献。

贫困地区天然气产业链对地区经济发总贡献的综合得分：2004年，36.79

分；2005 年，42.61 分；2006 年，53.05 分；2007 年，57.99 分；2008 年，66.14 分。

8.2 创新之处

（1）从贫困地区经济发展影响因素、自然环境、制度保障等因素出发，在理论上分析了贫困地区经济发展的制约条件。

（2）运用国民经济评价理论，从直接贡献、社会贡献、环境贡献和综合贡献四大方面确立了天然气产业对经济发展带动的评价指标体系，为量化天然气对贫困地区经济带动的大小找到了评价的方法与途径。

（3）运用建立的评价指标体系，借助主成分数学分析模型，从直接贡献、社会贡献、环境贡献和综合贡献四个方面对 N 贫困地区天然气对经济的带动进行了实证研究，增强了研究的实用性和可操作性。

（4）以数据结论证明天然气开发对贫困地区经济带动的重大作用，提出了"油气并举"能源发展战略，加快贫困地区天然气开发，适当提高天然气价格等建议。

8.3 建议及不足之处

本书在对四川地区的贫困状况及天然气开发对地区经济发展带动的贡献研究的基础上，提出如下建议：

（1）实行"油气并举"战略，解决能源瓶颈制约。

我们通过研究，对天然气产业形成了许多新的认识。天然气作为一种高效、洁净的能源，在对国民经济的发展贡献及对贫困地区经济建设等方面具有重要的作用，而且从现在的科技发展程度来看，天然气的开发成本与石油相比具有一定的优势。所以，在我国大力提倡节能减排的今天，建议国家有关部门能在充分调研的基础上，在大力重视发展石油开发的同时，充分重视和加大对天然气的开发投入和力度，提高天然气在国家能源消费中的比重，实现"八五"期间提出的"油气并重"的发展目标。

（2）在国家实行绩效工资的大背景下，建议根据天然气行业在贫困地区经济发展中的作用，适当调整天然气行业职工的工资待遇。

从2009年开始，我国事业单位职工逐渐开始根据自己的工作岗位情况及工作贡献情况实行绩效工资制，其实质就个人来讲，是个人的工作情况对单位和企业的贡献。从我们的实证研究可以看出，贫困地区天然气企业对贫困地区的经济发展和整个社会的大气质量的改善都做出了极大的贡献，加上贫困地区自然条件十分恶劣，交通不便，生活、工作环境极为艰苦，与天然气企业职工的待遇相比存在一定的差距。因此，加大贫困地区天然气企业职工的收入应该成为我们对贫困地区经济发展的一个关注的中心，这有利于实现天然气工业的可持续发展，加快贫困地区经济的发展速度。

（3）建议适当调整化肥的用气价格，通过补贴的形式将这个差价或利润返还到农民手中。

天然气的价格应该遵循市场经济的规律来制定，对一些行业不应该采取价格保护的措施。目前，国家为维护农民和农村的实际利益，对化肥用气采用的是低价政策，这不利于实现市场经济的公平竞争。按照当前经济状况，如果化肥按照工业用气价格购进天然气，虽然每万立方米天然气创造的价值会比过去有所减少和降低，但仍比CNG、建材等行业单位用气量创造的价值要高，化肥企业仍比CNG、建材等行业有较高的利润，说明化肥是可以承受天然气提价的能力。因此，建议国家有关部门适当调整化肥行业的用气价格，打破价格保护，将这部分调整的价格以补贴的形式转移支付给农民，让农民的利益真正得到保护。

（4）建议经常开展天然气对地方经济贡献的评价研究，加强贫困地区能源致富和产业培育，结构调整，促进贫困地区经济的快速发展。

从评价指标体系的构成来看，天然气对地方经济的发展涉及天然气主营业务链、技术服务链和用户生产链的相关企业及行业，涉及的面较宽，范围较大；从实证的结果过来看，天然气对地方经济的发展是具有巨大作用的。我们在大力发展其他产业，进行产业结构调整的同时，通过加强对天然气产业对地方经济贡献的评价研究，这不仅对天然气企业本身具有鞭策、促进与推动的作用，而且对地方政府制定相关政策，促进产业结构的调整，加大天然气企业的投入和职工待遇的提高，都具有极大的促进作用。

（5）适当调整天然气价格，加大天然气企业的投入力度，这不仅有利于促进天然气企业的良性发展，而且有利于控制和调整四川天然气现阶段的供需矛盾。

有内部数据表明：2008年，四川盆地两大公司共生产天然气175亿立方米，供应市场商品气量227亿立方米。从2000年至今，天然气产量增长了83

亿立方米，但累计动用投资723亿元。具体情况见图8-1。

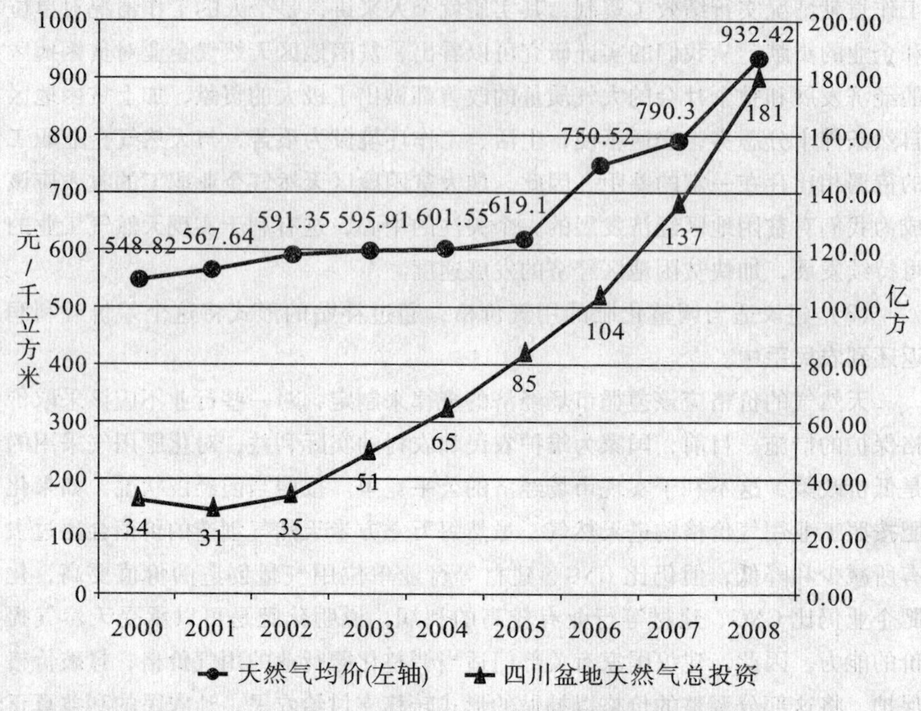

图8-1　四川盆地天然气开发总投资与天然气均价变化图

中石油和中石化担负着向四川、重庆、云南、贵州、湖北、湖南等地区输气的任务，而且近年来，随着天然气用气企业的增多，天然气的用气量在逐渐增加，2008年，四川的天然气需求量达到了227亿立方米。具体情况见图8-2。

根据图8-2的显示，天然气企业的平均销售价格从2000年的600元/千立方米上升到了2008年的970元/千立方米左右；而从单位完全成本来看，从2004年开始，也呈现逐渐上升的趋势。整个天然气企业单位从2003年后才开始逐渐呈现盈利的状况，而且这种盈利的增长幅度与成本的增长是不成比例的。具体情况见图8-3。

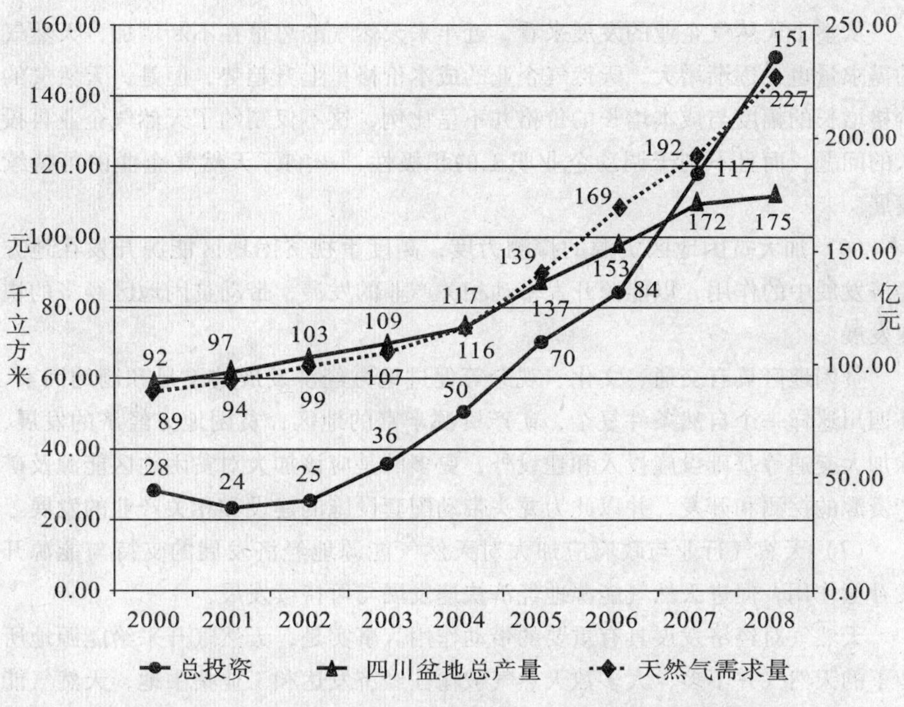

图 8－2 四川盆地天然气开发总投资、总产量与需求量关系图

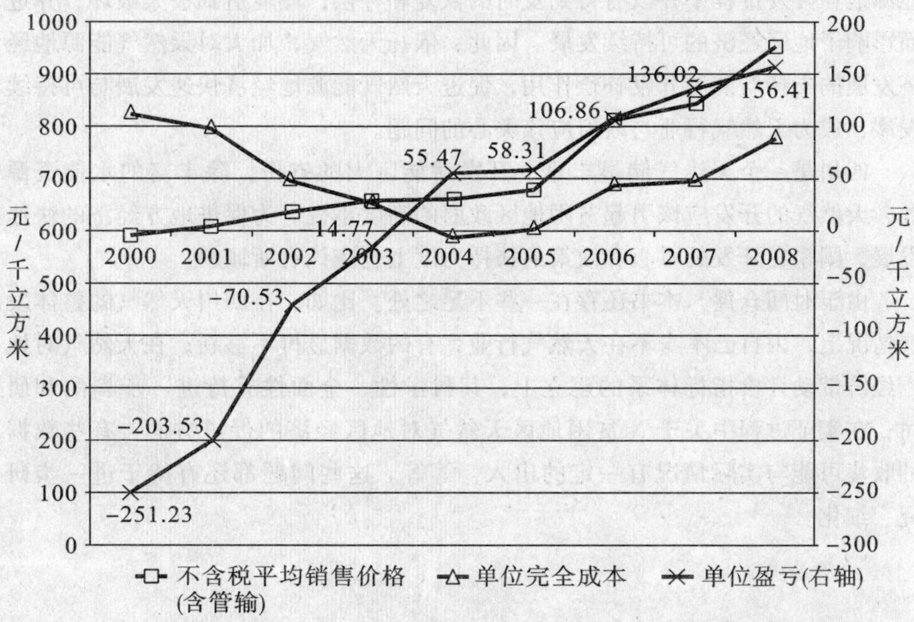

图 8－3 四川盆地天然气开发平均销售价格、单位成本与单位盈亏关系图

从整个天然气企业的发展来看，近年来天然气的总量在不断增加，天然气的需求量也在逐渐增大，天然气企业的成本价格呈上升趋势，但是，天然气的价格增长的幅度与成本增长的价格并不呈比例，这不仅制约了天然气企业再投入的问题，而且不利于调动企业职工的积极性，影响了天然气企业的可持续发展。

(6) 加大贫困地区资源的探测力度，高度重视贫困地区能源开发在地方经济发展中的作用，以能源开发带动相关产业的发展，带动贫困地区经济的快速发展。

贫困地区具有交通、文化、观念等促进地方经济发展的不足和制约因素，在四川这样一个自然条件复杂，矿产资源丰富的地区，贫困地方经济的发展，除加大交通等基础设施投入和建设外，更多的是应该加大对贫困地区能源及矿产资源的探测和开发，并以此为龙头带动配套设施的建设和相关产业的发展。

(7) 天然气行业与政府应加大对天然气能源地经济发展的支持与能源开发补偿作用，促进天然气能源地经济快速发展与可持续发展。

天然气对经济发展具有重要的带动作用。事实是，天然气开采给能源地所留下的天然气并不多，大多数天然气被输往经济发达和工业集中地，天然气能源地工业和经济并没有在天然气开发中得到快速发展。更有甚者，不少天然气能源地在开发过程中并没有得到及时的恢复和补偿，环境遭到极大破坏，并进而影响了地区经济的可持续发展。因此，依托天然气，加大对天然气能源地经济发展的支持与能源开发补偿作用，促进天然气能源地经济快速发展与可持续发展，成为天然气行业与政府应该关心的问题。

四川是一个天然气储量丰富，开发潜能巨大的省份，除丰富的水能资源外，天然气的开发应该引起贫困地区政府的高度重视。为促进地方经济的快速发展，国家在开发的重心和政策的扶持力度上也应该有所倾斜。

由于时间仓促，本书还存在一些不足之处。比如，在四川天然气的整体发展情况上，因自己本身不在天然气行业，有的数据显得不够新；在天然气对地方经济带动评价指标体系的建立上，其科学性、全面性有待进一步斟酌和研讨；在实证过程中关于N贫困地区天然气对地区经济的促进方面，有些数据的收集可能与实际情况有一定的出入，等等。这些问题都还有待于进一步研究、细化。

参考文献

[1] 李振东，王峰. 国民经济信息化对经济发展贡献模型研究 [J]. 兰州商学院学报，2002 (6).

[2] 任民. “九五”前三年铁路产业对国民经济贡献的度量 [J]. 铁道经济研究，2001 (2).

[3] 金笙，杨冬林. 从带动度系数看信息产业在国民经济中的作用 [J]. 北京林业大学学报，2003 (1).

[4] 丁元，周树高. 我国包装工业与国民经济密切关系的定量分析 [J]. 株洲工学院学报，2001 (1).

[5] 李铁. 房地产经济与国民经济波动的主要因素分析 [J]. 商业研究，2002 (4).

[6] 世界银行. 碧水蓝天：展望二十一世纪的中国环境 [M]. 北京：中国财政经济出版社，1997 (9).

[7] 朱清澄，伍永乔. 加快我国燃气汽车发展的几点看法 [J]. 中国天然气汽车，2004 (3).

[8] 国家统计局. 中国统计年鉴 (2004—2008) [M]. 北京：中国统计出版社，2009.

[9] 四川省统计局，国家统计局四川调查总队. 四川统计年鉴 (2004—2008) [M]. 北京：中国统计出版社，2009.

[10] 李士伦，汤勇，王希勇. 建立上、中、下游一体化天然气工业体系问题的思考，石油工业监督 [J]. 石油工业技术监督，2005 (5).

[11] 李宁，马庆元，郭继平. 我国天然气资源的可持续发展与利用 [J]. 鞍山科技大学学报，2003 (2).

[12] 张抗. 资源状况决定能源可持续发展战略 [J]. 国土资源科技管理，2004 (6).

[13] 张抗. 国际油气资源形势分析与思考 [J]. 国际石油经济, 2004 (3).

[14] 赵贤正, 李景明, 李东旭, 马硕鹏, 张福东. 中国天然气资源潜力及供需趋势 [J]. 天然气工业, 2004 (3).

[15] 杨晓龙. 中国油气资源可持续发展研究 [D]. 哈尔滨工程大学博士论文, 2006.

[16] 邱中建, 方辉. 中国天然气产量发展趋势与多元化供应分析 [J]. 天然气工业, 2005 (8).

[17] 李景明, 李剑, 谢增业, 刘人和, 王红岩. 中国天然气资源研究. 石油勘探与开发 [J]. 2005 (2).

[18] 高梅生. 川东北地区天然气资源特征与可持续发展研究 [D]. 成都理工大学, 2007.

[19] 周志斌. 中国天然气要素成本管理模式研究 [D]. 西南财经大学, 2004.

[20] 周国栋. 中国天然气价格激励规制研究 [D]. 成都: 成都理工大学, 2004.

[21] 张伟. 中国天然气行业市场发展研究 [D]. 天津: 天津大学, 2006.

[22] 陈会鑫. 开发中国的天然气市场——能源政策的挑战 [J]. 中译本举行首发式 [N]; 中国石化报, 2003-01-10.

[23] 赵令彬. 通过政策推动能源产业发展 [N]. 中国石化报, 2000-07-03.

[24] 李景明, 李东旭, 李小军. 中国石油天然气勘探开发形势与展望 [J]. 天然气工业, 2007 (2).

[25] 李士伦, 张斌, 唐晓东, 戴磊. 西部大开发中的天然气工业——加快天然气开发利用, 培育新的经济增长点 [J]. 天然气工业, 2001 (1).

[26] 李士伦, 汤勇, 王希勇. 建立上、中、下游一体化天然气工业体系问题的思考 [J]. 石油工业技术监督, 2005 (5).

[27] 李宁, 马庆元, 郭继平. 我国天然气资源的可持续发展与利用 [J]. 鞍山科技大学学报, 2003 (2).

[28] 胡朝元. 环境保护与中国天然气发展战略 [M]. 北京: 石油工业出版社, 2004.

[29] 李仕伦, 等. 天然气工程 [M]. 北京: 石油工业出版社, 2005.

[30] 白兰君. 天然气经济学 [M]. 北京: 石油工业出版社, 2001.

[31] 冯良，张丹，王晓庆．上海天然气市场需求模型构建与计量分析［J］．天然气工业，2009（2）．

[32] 编辑．21世纪中国石油天然气资源战略［J］．海相油气地质，2001，(3)

[33] 宋庆祥译．2004—2030年天然气的消费趋势［J］．petroleum Economist．

[34] 谭蓉蓉．2008年中国能源贸易的特点［J］．天然气工业，2009（1）．

[35] 匡建超，刘鑫，杨理琴．川渝地区天然气开发可持续发展的战略选择［J］．国土资源科技管理，2008（5）．

[36] 李晓东．德国天然气行业发展现状及对我国的启示［J］．国际石油经济，2005（3）

[37] 郑得文，张光武，杨冬，关辉，劭丽艳．国内外天然气资源现状与发展趋势［J］．天然气工业，2008（1）．

[38] 陈永武．我国油气工业现状与“十一五”发展趋势［J］．中国石油和化工经济分析，2006（10）．

[39] 邱中建，方辉．对我国油气资源可持续发展的一些看法［J］．石油学报，2005（26）．

[40] 钟孚勋．四川盆地天然气开发实践与认识［J］．天然气工业，2002（5）．

[41] 张廷山，王顺玉，陈晓慧，黄世伟．四川盆地天然气资源状况与可持续发展问题思考［J］．天然气地球科学，2005（2）

[42] 张健，张奇．四川盆地油气勘探——历史回顾及展望［J］．天然气工业，2002（5）．

[43] 徐华仿，徐亮．西南油气田构建和谐企业的思考［J］．天然气工业，2008（11）．

[44] 夏晓莉，许鹏，何素华．气价是促进四川盆地天然气勘探开发并合理使用的杠杆［J］．天然气工业，2008（4）．

[45] 陆家亮．中国天然气工业发展形势及发展建议［J］．天然气工业，2009（1）．

[46] 罗承先．印度石油和天然气工业的发展战略［J］．环球瞭望，2008（8）．

[47] 严江．加快贫困地区结构调整促进农业生态产业发展［J］．决策咨

询通讯，2006（1）.

[48] 侯景新. 落后地区开发通论［M］. 北京：中国轻工业出版社，1999.

[49] 杜受祜. 环境经济学［M］. 北京：中国大百科全书出版社，2001.

[50] 刘再兴. 生产布局学原理［M］. 北京：中国人民大学出版社，1984.

[51] 严江. 四川贫困地区基本特征及扶贫思路［J］. 农村经济，2005（12）.

[52] 冯永宽，王卓. 四川贫困问题研究［M］. 成都：四川科学技术出版社，2000.

[53] 邹德秀. 地区贫困与贫困地区开发［M］. 北京：科学出版社，2000.

[54] 毕世杰. 发展经济学［M］. 北京：高等教育出版社，1999.

[55] 周起业. 区域经济学［M］. 北京：中国人民大学出版社，1989.

[56] 周毅. 西部反贫困研究［M］. 兰州：甘肃人民出版社，2001.

[57] 四川贫困乡镇的现状、问题及对策建议. 四川统计信息网，2007-01-15.

[58] 四川省人民政府办公厅. 四川省人民政府办公厅关于印发四川省"十一五"及2020年能源发展规划的通知. 川办发〔2007〕14号，http://www.sc.gov.cn/zwgk/zcwj/zfwj/cbf/200703/t20070302_175551.shtml.

[59] 佚名. 制约西部贫困地区财政收入增长的主要原因及对策研究. 2008，11，http://www.chinaacc.com/new/287/291/323/2007/3/sh7623142231141370021152-0.htm.

[60] 张平军. 中国西部经济发展现状及走向［J］. 理论前沿，2004（6）.

[61] 林闽刚. 中国农村贫困标准的调适研究［M］. 中国农村经济，1994.

[62] 李纪恒. 贫困地区发展论［M］. 沈阳：辽宁人民出版社，1998.

[63] 中国国家统计局. 中华人民共和2005年国民经济和社会发展统计公报. 2006-02-28.

[64] 刘惠. 主要贫困地区脱贫政策与经济发展［M］//1997中国区域发展报告. 北京：商务印书馆，1997.

[65] 康晓光. 中国贫困与反贫困理论［M］. 桂林：广西人民出版社，1995.

[66] 庞名立. 从经济角度看我国天然气工业的发展 [J]. 石油科技论坛, 2003 (8).

[67] 周志斌. 发展四川盆地天然气工业促进中西部地区经济建设 [J]. 天然气经济, 2002 (3).

[68] 李铁. 房地产经济与国民经济波动的主要因素分析 [J]. 商业研究, 2002 (4).

[69] 周娟, 周川. 国内外天然气资源经济评价对比与我国的发展趋势 [J]. 天然气技术, 2007 (1).

[70] 周娟. 论天然气经济评价指标体系的改进 [J]. 天然气经济, 2006 (5).

[71] 夏鸿辉. 四川盆地天然气在西南地区经济发展中地位和作用 [J]. 天然气经济, 2002 (4).

[72] 涂杰, 何素华, 杨丽萍. 天然气对川渝经济发展的贡献 [J]. 天然气技术, 2008 (2).

[73] 张孝松. 我国天然气工业发展与经济发展的关系 [J]. 四川石油经济, 1999 (5).

[74] 穆献中. 我国中西部天然气工业发展经济模式分析 [J]. 石油勘探与开发, 2001, 28 (4).

[75] 穆献中, 赵国杰, 魏后凯. 中国西部天然气产业经济政策研究 [J]. 中国地质大学学报 (社科版), 2003 (6).

[76] 国土资源部规划司. 西部地区矿产资源与开发——潜力与规划研究 [M]. 北京: 地质出版社, 2001.

[77] 国土资源部西部地区开发领导办公室. 实施西部大开发若干政策措施 [M]. 北京: 地质出版社, 2001.

[78] 魏英, 胡奥林. 国外天然气经济研究动态及建议 [J]. 研究与探索, 2006 (5).

[79] 史斗, 郑军卫. 天然气: 21 世纪我国国民经济新的增长点 [J]. 地球科学进展, 2001 (8).

[80] 胡奥林, 白兰君. 天然气利用之环境效益初探 [J]. 四川石油经济, 2000 (1).

[81] 龙德灿. 实施产业集群发展战略推进四川新型工业化 [J]. 区域经济研究, 2008 (3).

[82] 四川省经济委员会. 四川工业强省战略问题研究——产业竞争力及

可持续发展［M］．成都：西南财经大学出版社，2007.

［83］赵曦．中国四川工业化发展研究［M］．成都：西南财经大学出版社，2007.

［84］国务院发展研究中心市场经济研究所，四川省经济委员会，国际金融公司项目开发中心．四川省产业集群发展研究报告（内部）［Z］．2007（11）.

［85］四川省经济委员会．2007 四川工业年鉴［M］．成都：四川出版集团四川科学技术出版社，2007.

［86］孔祥智．四川贫困地区农村经济发展现状与对策［J］．农村经济，1994（3）.

［87］王全明．以特色产业集群推动四川贫困地区经济跨越式发展［J］．中共四川省委党校学报，2008（11）.

［88］龙德灿．实施产业集群发展战略推进四川新型工业化［J］．理论与改革，2008（3）.

［89］邹再进．欠发达地区区域创新轮—以青海省为例［M］．北京：经济科学出版社，2006.

［90］程青兰．论巴中发展思路的战略选择．巴中日报，2008（6）.

［91］童其慧．主成分分析方法在指标综合评价中的应用［J］．北京理工大学学报（社会科学版），2002，（1）.

［92］吴亚非，李科．基于 SPSS 的主成分分析法在评价体系中的应用［J］．当代经济，2009（2）.

［93］贾万敬，何建敏．主成分分析和因子分析在评价区域经济发展水平中的应用［J］．现代管理科学，2007（9）.

［94］李朝旗，李朝赟，刘沛．基于主成分分析的区域可持续发展能力评价［J］．开发研究，2009（1）.

［95］An Overview of the Industry—The Gas Industry in 2003. Ruhrgas AG.

［96］Energie Rund Um die Uhr — 2003. GASAG. Berlin.

［97］DARERAY S M. Exploration Risk and Supply Price Curve of Multizones play - A New Method of Resource Evaluation［J］. Canadian Petroleum Geology, 1994（42）.

［98］CEDIGAZ. The Natural Gas Industry In The Year 2020. 2006（3）.

［99］CEIDGAZ. The Strategy Of Players On Europe Gas Market. 2006（2）.

［100］OECD/IEA. World Energy Outlook. 2006（8）.

[101] DAVID G. VICTOR, AMY M. JAFFE, MARK H. HAYES. Natural Gas and Geopolitics: From 1970 to 2040. UK THE CAMBRIDGE UNIVERSITY PRESS, 2006.

[102] CAROL A. DAHL. International Energy Markets: Understanding Pricing, Polcies and Profits. USA: The Johns Hopkins University Press, 2005.

[103] JEFFREY BADER. The Global Politics of Energy. US the aspen institue, 2008.

[104] VIVEK CHANDRA. Fundamentals of Natural Gas: An International Perspective. US: the Mcgraw hill, 2006.

[105] BRENDA SHAFFER. Energy Politics. US The university of pennsylvania press, 2009.

[106] BOB SHIVELY, JOHN FERRARE. Understanding Today's Natural Gas Business. US the enerdynamics corporation, 2009.

[107] FLETCHER J. STURM. Trading Natural Gas: Cash, Futures, Options and Swaps. Pennwell publishing company, 1997.

[108] VIRGINIA L. THORNDIKE. LNG: A Level - Headed Look at the Liquefied Natural Gas Controversy. Versa press, 2007.

[109] THOMAS O. MIESNER, WILLIAM L. LEFFLER. Oil & Gas Pipelines in Nontechnical Language. mcgraw hill press, 2006.

[110] DAVIS EDWARDS. Energy Trading and Investing: Trading, Risk Management and Structuring Deals in the Energy Market. Mcgraw Hill press, 2009.

[111] JULIAN DARLEY. High Noon for Natural Gas: The New Energy Crisis. CHELSEA GREEN PUBLISHING COMPANY USA, 2004.

[112] JAN H. KALICKI, DAVID L. Goldwyn Energy and Security: Toward a New Foreign Policy Strategy. USA, THE JOHNS HOPKINS UNIVERSITY PRESS, 2005.

[113] MICHAEL D. TUSIANI, GORDON SHEARER. LNG: A Nontechnical Guide. US: PENWELL CORPORATION, 2007.

[114] NORMAN J. HYNE, NORMAN J. PHD. HYNE. Nontechnical Guide to Petroleum Geology, Exploration, Drilling and Production. US Pennwell Corporation, 2001.

[115] Liquefied Natural Gas (Hardcover) by Paul Griffin 2006 Globe Business Publishing Company UK London.

[116] JOHN M. STUDEBAKER. Effectively Managing Natural Gas Costs. UK: the Fairmont press London, 2005.

[117] ARTHUR S. DE VANY, W. DAVID WALLS. The Emerging New Order in Natural Gas: Markets Versus Regulation. The Green Hood Publishing Group. Inc, 1995.

[118] JOHN TABAK. Natural Gas and Hydrogen (Energy and the Environment). Mcgraw Hill Press, 2009.

[119] R. GNVALDVR HANNESSON. Petroleum Economics: Issues and Strategies of Oil and Natural Gas. The Green Hood Publishing Group, Inc., 1998.

[120] GERALD B. GREENWALD. Liquefied Natural Gas: Developing and Financing International Energy Projects (International Energy & Resources Law and Policy Series Set). Kluver Law International, 1998.

[121] LOWE, ANDERSON, SMITH, PIERCE. Casenote Legal Briefs: Oil & Gas. The Aspen Publisher. Inc, New York, 2003.

[122] The Emirates Center for Strategic Studies and Research. The Future of Natural Gas in the World Energy Market (Emirates Center for Strategic Studies and Research). The Emiraties Center Newyork, 2001.

[123] PAUL HAWKEN, AMORY LOVINS, L. HUNTER LOVINS. Natural Capitalism: Creating the Next Industrial Revolution. USA: Little Brown Company, 2008.

[124] TATSU KAMBARA, CHRISTOPHER HOWE. China And the Global Energy Crisis: Development and Prospects for China's Oil and Natural Gas. Edward Elgar Publishing Limited, USA North Ampton, 2007.

[125] MICHAEL ELLMAN. Russia's Oil and Natural Gas: Bonanza or Curse? (Anthem Studies in Development and Globalization). UK: London, the Arthern Press, 2006.

[126] DAVID GOODSTEIN. Out of Gas: The End of the Age Of Oil. US: New York the Courier Company. Inc, 2005.

[127] ERIC G. DEROUANE, VALENTIN PARMON, FRANCISCO LEMOS, FERNANDO RAMOA RIBEIRO. Sustainable Strategies for the Upgrading of Natural Gas: Fundamentals, Challenges, and Opportunities: Proceedings of the NATO Advanced Study Institute,... II: Mathematics, Physics and Chemistry). New York, the Springer, 2005.

[128] ROBERT WILLETT. Natural Gas Industry Analysis (For the Gas Year 2000 - 2001). Financial communication company, Huston, 2000.

[129] PAUL W. MACAVOY. The Natural Gas Market: Sixty Years of Regulation and Deregulation. Yale University, Michigan, 2001.

[130] MICHAEL D. MAX, ARTHUR H. JOHNSON, WILLIAM P. DILLON. Economic Geology of Natural Gas Hydrate. Springer Nnetherland, 2006.

[131] F. WILLIAM PAYNE, WILLIAM F PAYNE. User's Guide to Natural Gas Purchasing and Risk Management, 2000.

[132] ANDREA GILARDONI. The World Market for Natural Gas: Implications for Europe. Springer, 2009.

致谢

三年来，我的导师及授课教师给了我极大的帮助。在此，我首先要感谢我的导师张斌教授，他给了我一个继续学习发展的机会。在论文的写作过程中，导师张斌教授大到从论文题目的选择到研究思路框架的确立以及资料的寻找方向，小至标点符号都给予了我悉心的指导。

感谢研究生院刘清友院长及招生办、培养科、学位办的老师，我能顺利完成博士学业，他们给予了很多无私的帮助；感谢经济管理学院任皓书记、刘先涛院长、张吉军副院长、胡国松教授、刘鸿渊教授及博士指导小组的其他教授对论文开题及写作思路提了很多建设性的意见，保证了我博士论文的顺利完成。

感谢四川财经职业学院党委书记黄友，院长李高伟，党委副书记、纪委书记张中伟，副院长李仲稳、余坤和等院领导，组织人事处李琪处长，科研处李洛嘉处长、吴伶老师，基础部白波主任，财税金融系李虹老师在学习过程中给予我的极大鼓励、支持与帮助；四川省财政厅农业处黎家远处长及其爱人潘广容老师，西南油气田公司经济研究所副所长何润民博士、川庆地研院党委书记张森林博士、眉山地区交警支队政委伍利民博士、洪雅县副县长梁勇博士，绵阳师范学院商学院副院长曾承晓博士，资源与环境学院李才全老师在论文写作过程中为论文相关资料的寻找给予了我极大的帮助和支持，师弟陈光玖博士对我整个学习和论文写作给予了全程的帮助，付出了辛勤的劳动，在此一并表示深深的谢意。

感谢我的爱人杨晓红女士、儿子肖宇扬小朋友在生活上、工作上对我默默无闻的关心奉献，为我的学习创造了不少的时间与机会，保证了学业的顺利完成。同事、朋友的不懈鼓励也给了我极大的鼓舞和信心。

感谢所有关心我的老师、领导、朋友和家人，在我对他们说不出的愧疚的同时，更多的是感激之情，感激他们伴我走过了这艰辛的三年。

肖兆飞

2010 年 5 月

图书在版编目(CIP)数据

四川天然气开发对贫困地区经济带动研究:基于N贫困地区天然气开发为例/肖兆飞著.—成都:西南财经大学出版社,2011.3
ISBN 978-7-5504-0188-4

Ⅰ.①四… Ⅱ.①肖… Ⅲ.①天然气工业—影响—不发达地区—地区经济—研究—四川省 Ⅳ.①F127.71

中国版本图书馆CIP数据核字(2011)第024949号

四川天然气开发对贫困地区经济带动研究——基于N贫困地区天然气开发为例
肖兆飞 著

责任编辑:刘佳庆
助理编辑:李 婧 植 苗
封面设计:大 涛 杨红鹰
责任印制:封俊川

出版发行	西南财经大学出版社(四川省成都市光华村街55号)
网　　址	http://www.bookcj.com
电子邮件	bookcj@foxmail.com
邮政编码	610074
电　　话	028-87353785 87352368
印　　刷	郫县犀浦印刷厂
成品尺寸	170mm×240mm
印　　张	8.25
字　　数	150千字
版　　次	2011年3月第1版
印　　次	2011年3月第1次印刷
书　　号	ISBN 978-7-5504-0188-4
定　　价	28.00元